教育部人文社会科学研究项目（19YJC630226）
河北师范大学社科基金研究项目（S20GD009）

数智化时代

员工参与和适应性绩效

赵卫红 薄怡萌 徐东升 ◎ 著

DIGITALIZATION ERA
EMPLOYEE INVOLVEMENT AND ADAPTIVE PERFORMANCE

企业管理出版社
ENTERPRISE MANAGEMENT PUBLISHING HOUSE

图书在版编目（CIP）数据

数智化时代：员工参与和适应性绩效/赵卫红，薄怡萌，徐东升著.—北京：企业管理出版社，2024.3

ISBN 978-7-5164-2557-2

Ⅰ.①数… Ⅱ.①赵… ②薄… ③徐… Ⅲ.①企业管理—职工—参与管理—研究 Ⅳ.①F272.921

中国国家版本馆CIP数据核字（2024）第035204号

书　　名：	数智化时代：员工参与和适应性绩效
书　　号：	ISBN 978-7-5164-2557-2
作　　者：	赵卫红　薄怡萌　徐东升
责任编辑：	张　羿
出版发行：	企业管理出版社
经　　销：	新华书店
地　　址：	北京市海淀区紫竹院南路17号　邮　　编：100048
网　　址：	http://www.emph.cn　电子信箱：504881396@qq.com
电　　话：	编辑部（010）68456991　发行部（010）68701816
印　　刷：	北京亿友创新科技发展有限公司
版　　次：	2024年3月第1版
印　　次：	2024年3月第1次印刷
开　　本：	710mm×1000mm　1/16
印　　张：	14
字　　数：	200千字
定　　价：	68.00元

版权所有　翻印必究·印装错误　负责调换

前　言

　　在数智化时代背景下，企业面临的经营环境正在发生巨变：技术更新更加迅速、产品迭代周期越来越短、市场竞争规则愈加不确定、雇佣方式越来越多元……企业必须构建柔性化组织、提高自身的敏捷性和灵活性才能适应更加动态、复杂、模糊以及不确定的环境。员工参与作为构建柔性化组织的重要实践，涌现出了诸如华为"班长的战争"、海尔"自主经营体和创客化"等多种新形式。多样化的员工参与形式给予员工更多的工作体验，但也传导给员工更多的工作压力。与此同时，成长于互联网时代的"90后"员工已逐渐成为职场主力军，他们对精神需求的满足期望越来越高，从追求物质生活水平逐渐转变为拥有自主性和发言权、展现自己的价值、获得工作意义感及成就感等。员工工作诉求的变化也为企业带来了新的管理难题，企业需要通过增加员工参与来提升员工尊严，强化员工工作的权利和责任，促进劳动关系的和谐以及员工和企业的绩效提升。正是基于组织生存发展和员工工作诉求变化的双重压力，员工参与作为企业的制度设计和组织方式成为实践界广泛关注的主题。

　　纵观员工参与的理论研究可知，员工参与能够通过释放人力资源活力

数智化时代：员工参与和适应性绩效

从而提升企业的竞争力和环境适应性，且研究者依据资源基础理论、社会交换理论等理论的解释逻辑，对员工参与影响的过程机制进行了广泛的探讨，充分解释了"为什么员工参与能够带来积极产出"这一研究问题。然而，也有研究表明员工参与积极效应的发挥并非必然，员工参与对绩效或满意度的影响并不确定，甚至可能造成负面影响。但遗憾的是，这其中的潜在机制和条件并未得到足够的重视。因此，理论界对"为什么员工参与未能带来积极产出"的研究相对不足，有待于进一步探讨员工参与的"双刃剑"影响及边界条件。

基于上述现实和理论背景，本书立足于数智化时代背景，通过质性和定量研究方法，深入探索员工参与对适应性绩效的"双刃剑"影响机理。第一，对相关文献进行回顾和梳理，考察员工参与、适应性绩效、工作要求/工作资源、人力资源归因等概念及相关研究。第二，通过扎根理论（Grounded Theory）研究方法，构建基于实践的"双刃剑"理论分析框架，即"员工参与—工作要求/工作资源—适应性绩效"，为后面的理论和实证研究提供实践基础。第三，以JD-R模型（Job Demands-Resources Model）和归因理论为理论依据，将理论分析框架转化为实证研究模型，并通过问卷调查法和统计分析方法开展实证研究，着重探讨工作要求和工作资源的双重中介作用，以及人力资源归因的调节机制。

通过质性研究和定量研究，本书得到以下结论：第一，基于22份访谈资料，采用程序化扎根理论研究方法，构建基于实践的理论分析框架。研究发现，员工参与可能影响工作要求/工作资源以及适应性绩效，工作要求/工作资源会对员工适应性绩效产生影响，人力资源归因是员工参与和工作要求/工作资源关系中的重要情境因素。第二，以JD-R模型和归因理论为理论依据，将理论分析框架转化为实证研究模型，基于201套调查问卷开展实证研究。研究发现，员工参与对适应性绩效具有"双刃剑"

影响，工作要求在员工参与对适应性绩效的负向影响中起中介作用，工作资源在员工参与对适应性绩效的正向影响中起中介作用，控制型人力资源归因能够加强工作要求的中介作用，但承诺型人力资源归因的调节机制没有得到验证。

本书的创新点在于：一是丰富了员工参与的内涵和结构。已有研究大多基于劳动关系或人力资源管理的单一视角界定员工参与的内涵。本书在已有文献梳理以及扎根理论研究的基础之上，从整合的视角重新界定了员工参与的内涵和结构，即包括角色内发言权、高参与组织方式、角色外发言权和经济参与在内，本书是对员工参与范畴的进一步深化和探索。二是拓展了员工参与的"双刃剑"效应研究。已有研究大多将员工参与看作对于员工的激励手段，认为员工参与可以为企业带来积极产出，只有少数学者发现员工参与的实施效果有时并未达到预期，甚至可能造成负面影响。本书通过扎根理论研究和定量研究方法，探索了员工参与对适应性绩效的"双刃剑"影响机制，是对员工参与影响机理的进一步尝试和挖掘。三是深化了员工参与对适应性绩效影响机制的理论研究。已有研究主要从社会交换理论、资源基础观等理论视角探索员工参与的影响机制，本书以JD-R模型和归因理论作为研究基础，构建实证研究模型，引入工作要求和工作资源作为员工参与对适应性绩效影响的中介机制，并将人力资源归因作为情境因素，从新的理论视角探索了员工参与对适应性绩效影响的过程机理和边界条件。

本书对企业管理实践的启示体现在：第一，管理者应科学看待员工参与实践，优化员工参与政策，重视因员工参与给员工带来的超负荷和工作压力问题，在适度范围内实施相关的员工参与措施，并给予员工更多工作资源的支持，降低员工参与的消极影响。第二，管理者应重视人力资源归因的影响，尽量避免员工做出消极的控制型人力资源归因。控制型人力资

数智化时代：员工参与和适应性绩效

源归因会扩大员工参与的消极影响，使员工工作要求的感知愈加强烈，进而阻碍其适应性绩效的发展。

赵卫红

2024 年 1 月

目 录

第一章 绪论

第一节　研究背景　/　003

　　一、现实背景　/　004

　　二、理论背景　/　007

第二节　研究问题、研究内容和研究意义　/　011

　　一、研究问题　/　011

　　二、研究内容　/　012

　　三、研究意义　/　013

第三节　研究思路、技术路线和结构安排　/　015

　　一、研究思路和技术路线　/　015

　　二、结构安排　/　017

第四节　研究方法和研究创新　/　019

　　一、研究方法　/　019

　　二、研究创新　/　020

第二章 文献回顾和评述

第一节　员工参与的文献回顾和评述　/　025

　　一、员工参与的概念　/　026

　　二、员工参与的形式　/　031

　　三、员工参与的维度和测量　/　037

　　四、员工参与概念和维度的初步界定　/　043

　　五、员工参与的影响因素研究　/　049

　　六、员工参与的影响结果和作用机制研究　/　054

　　七、员工参与系统的研究　/　062

第二节　适应性绩效的文献回顾和评述　/　066

　　一、适应性绩效的定义　/　066

　　二、适应性绩效的维度结构　/　067

　　三、适应性绩效前因变量的研究　/　068

第三节　工作要求和工作资源的文献回顾和述评　/　071

　　一、工作要求和工作资源的概念　/　071

　　二、工作要求和工作资源的影响效应　/　072

第四节　人力资源归因的文献回顾和评述　/　075

　　一、人力资源归因的概念和维度　/　075

　　二、人力资源归因的影响效应　/　077

第五节　主要解释理论　/　080

　　一、工作要求-资源模型　/　080

　　二、归因理论　/　082

目录

第三章 质性研究与概念模型解析

第一节 质性研究框架 / 087

    一、研究工具的选择 / 087

    二、研究目的 / 090

    三、研究的信效度 / 091

第二节 访谈过程与资料收集 / 092

    一、访谈对象 / 092

    二、访谈内容及过程 / 094

第三节 扎根理论研究方法中的资料分析 / 095

    一、开放性编码 / 095

    二、主轴性编码 / 112

    三、选择性编码 / 115

    四、模型饱和度 / 116

第四章 实证研究框架与研究假设

第一节 实证研究框架 / 119

第二节 研究假设 / 121

    一、员工参与对适应性绩效的影响 / 121

    二、工作要求和工作资源的中介作用 / 122

    三、人力资源归因的调节作用 / 124

    四、实证模型和研究假设汇总 / 126

第五章 实证研究与假设检验

第一节 研究变量的界定与测量 / 131

    一、员工参与的界定与测量 / 131

    二、适应性绩效 / 133

    三、工作要求和工作资源 / 135

    四、控制型人力资源归因和承诺型人力资源归因 / 137

    五、控制变量 / 138

第二节 实证研究的程序和数据分析方法 / 139

    一、实验研究的程序 / 139

    二、数据分析方法 / 140

第三节 问卷调研和数据分析 / 143

    一、问卷调研 / 143

    二、数据分析 / 145

第四节 实证数据分析 / 148

    一、描述性统计分析 / 148

    二、研究假设检验 / 150

    三、研究假设结果汇总 / 153

第六章 研究结论与展望

第一节 研究结论与讨论 / 157

    一、质性研究结论 / 157

    二、实证研究结论 / 158

第二节　理论贡献与实践启示　/　160
　　一、理论贡献　/　160
　　二、管理启示　/　161
第三节　研究局限与展望　/　163
　　一、研究局限　/　163
　　二、未来研究展望　/　164

参考文献　/　167
附录　/　205

第一章
绪 论

　　本章主要介绍了本书的研究背景、研究内容和研究问题、研究创新点和结构安排等内容。第一节主要阐述本书研究的现实背景和理论背景，进而引出研究问题；第二节探讨具体的研究问题、研究内容以及研究意义；第三节介绍研究思路、技术路线以及结构安排等；第四节阐述研究方法以及可能的创新。

第一章 绪 论

/ 第一节 /
研究背景

受大数据、云计算、人工智能、物联网等新一代信息技术变革的影响，企业所面临的经济环境、技术环境、市场环境和政策环境都变得更具动态性、不确定性和复杂性。在很多领域，竞争对手之间以不可预期的非常规的方式快速对抗，竞争优势被快速地创造、侵蚀或破坏，企业纷纷通过经营单位化小、经营权和决策过程下放给员工、打破部门分工和工作分工的界限、给予基层员工较大的责任和权力等方式来提升自身灵敏度以适应外部环境变化，并催生了项目式团队（Unit Group）、工厂中的工厂（Factory within a Factory）等新模式，例如海尔"平台+自主经营体+创客化"、华为"平台+小集成经营体"等。在这种背景下，企业组织形态、劳动生产方式和雇佣模式都发生了深刻变革（Hoffman，2015），员工有更多的机会参与管理和共治，从被动工作转向自我担责、自我驱动（彭剑峰，2020）。

员工参与重新定义了员工与企业之间的关系，能够提高员工主人翁地位，激发员工的工作动机，进而有助于提升企业效益。日本企业在20世纪七八十年代的迅速崛起正是与其推行参与导向的管理方式有直接关系，这种管理方式对国外学术界和实践界产生了深远的影响。我国企业鼓励员工参与、倡导员工主人翁意识由来已久，但受政策和文化等因素影响，一直以来很多企业的员工参与大多数停留在表面形式而未能深入，相应的员工参与计划或措施未能发挥应有的积极作用。

一、现实背景

1. 传统管理方式受到前所未有的挑战

动态性、复杂性和不确定性的外部环境对企业柔性和适应性提出了更高的要求，为了顺应技术、市场和经济等环境因素变化，企业需要不断地进行战略转型和商业模式重构才能在现代市场经济中求得生存和发展。企业在组织结构和工作设计上尝试打破部门之间和工作之间的界限，员工面临更加多样化和丰富化的工作任务和工作挑战，变革已成为员工工作的常态。而传统的管理方式会造成员工主体地位缺乏，使员工积极行为难以实现或持续，员工在企业运营和工作场所决策中不能表达自己的意见，不利于激发员工工作动机，也限制了员工的成长机会和可能性，不利于企业的灵活性和持续发展。

一些优秀企业采取代表参与、利润分享计划、问题解决小组等参与实践，也有一些企业让员工作为企业利益相关者参与公司管理或治理，这些管理方式重塑了员工与组织之间的关系，体现了员工在组织中的主体地位，也加强了员工对企业的认同和承诺，激发了员工的工作动机和可能性，对组织的发展产生了有利的影响。随着市场经济体制和法律制度的不断完善，以及对发达国家先进管理思想和理念的吸收借鉴，我国的企业管理者逐渐意识到以往经营管理中对员工参与的忽视，员工主人翁地位虚化不仅限制了员工潜能发挥作用的机会，而且导致员工对组织以及工作的冷漠和消极态度，对组织的发展带来不利的影响。

2. 员工参与是协调企业劳动关系的重要策略

在宏观上劳动关系和谐是社会安定、经济发展的基础，在微观上劳动关系和谐是企业可持续发展的基础，因此，劳动关系问题关系着国家和企业的健康发展。随着我国经济体制改革的推进，我国劳动关系也从行政化逐渐向市场化转变，政府、劳方和资方三方的主体地位日益明显，政府作为第三方力量介入，通过相关政策的制定来调整劳资双方的行为，劳动者通过集体力量来与资方进行抗衡，资方采用管理方式来协调企业内部劳动关系。据人力资源社会保障部统计，2008—2013年我国各级劳动仲裁机构共受理集体劳动争议案件6.56万件，案均涉及人数逐年增加，2013年平均每个案件涉及人数达到32人。一部分集体劳动争议通过传统的仲裁、诉讼程序解决，而另一部分争议出现了以停工、怠工等为主要形式的集体形式。2015年3月21日，中共中央、国务院出台了《关于构建和谐劳动关系的意见》，指出劳动关系的主体及其利益诉求越来越多元化，劳动关系矛盾已进入凸显期和多发期，构建和谐劳动关系的任务艰巨繁重。同时指出，要加强企业民主管理制度建设，完善以职工代表大会为基本形式的企业民主管理制度；推进厂务公开制度化、规范化；推行职工董事、职工监事制度。党的二十大报告提出"强化就业优先政策，健全就业促进机制，促进高质量充分就业""健全劳动法律法规，完善劳动关系协商协调机制，完善劳动者权益保障制度，加强灵活就业和新就业形态劳动者权益保障"。

政府对劳动关系调整的规范与引导，以及劳方利益诉求的变化迫使企业在管理方式上进行调整，员工参与成为协调企业内部劳动关系的重要策略。员工在不同程度上参与组织或工作场所决策和管理的过程，管理者和员工之间建立起有效的沟通渠道，员工在组织中的主体地位得以体现，既能促进企业内部劳动关系和谐氛围的产生，也能增强员工对组织和工作的责任感和认同感。因此，员工参与成为建立企业内部劳动关系和谐氛围、促进企业可持续发展的重要策略。

3. 员工工作价值观的变迁引发工作诉求的变化

根据国家统计局的数据，截至2022年9月，我国的适龄劳动人口总数约为9.8亿人，其中16～30岁的新生代员工总数约为4.46亿人，占适龄劳动人口总数的45.5%，相对于2007年的32.6%提高了12.9%，新生代员工已经成为劳动力群体的主要力量。这些新生代员工处于我国社会快速发展和经济全球化时期，普遍受教育水平比较高，受多元文化的影响程度也比较高，其价值观也呈现出不同的特点。比如，新生代员工强调个性、自主和创新，维权意识比较强；新生代员工大多数是独生子女，团队合作意识比较薄弱，责任感和抗压能力也比较差。新生代员工价值观的变化使得他们在组织中对工作的诉求也不同于其他群体，传统管理方式在很多方面不能激发这一群体的内在动机，因此，新生代员工在传统管理方式下很容易丧失对工作的激情和动力，不利于员工个体和组织的发展。

从劳动力总体来讲，随着社会经济水平的提高，员工对精神需求的满足要求与期望越来越高，员工需求呈现多样化发展，薪资报酬等物质需求程度相比以往受关注的程度开始下降，而员工希望能够通过参与过程，拥有工作自主权，展现自己的价值并得到组织认可，以获得工作满意度和个人的成就感。员工工作诉求的变化，要求企业不断探索新的管理方式，关注员工发展，为员工提供广泛的参与机会，使其能够与组织共同成长。

二、理论背景

国外有关员工参与的理论思想发展已有近百年的历史，Taylor 在 1901 年就提出劳资合作机制，Munsterberg 在 1913 年也提出组织潜在的收益来源于员工与管理者之间的协作。到 20 世纪七八十年代，涌现了大量员工参与的相关研究，取得了较为丰硕的成果，为中国情境下员工参与的研究与实践提供了很好的参考和借鉴。然而，近年来随着外部环境的急剧变化，特别是我国经济体制改革和我国企业的鲜活实践，使得这一源于西方的研究在中国情境下有进一步发展推进的必要。

1. 人力资源管理与劳动关系的研究趋于融合

劳动关系视角下的研究主要基于多元论的观点，认为企业与员工的利益目标是不一致的，雇主追求的是企业的经济效益，所以雇主会通过侵害员工的利益以获取最大的经济收益，而雇员所需要的是与雇主地位的平等，以及组织内部的发言权问题，通过组织活动实现自我价值和满足自我的需求。正是由于劳资双方目标的不一致，所以产生了劳资冲突。通过雇主促进和保护雇员的利益是不够的，因此需要集体协商和政府立法对企业管理活动进行补充和限制。

人力资源管理视角的研究主要基于一元论的观点，强调企业和员工的利益目标是一致的，劳资冲突的产生是不正常的，是因为麻烦制造者、不良沟通和管理不善造成的（崔勋、吴海艳和李耀锋，2010）。一元论的本质是雇主和雇员构成的组织是具有共同目标的一个整体，劳资双方要建立一种合作关系，目的是在实现企业绩效提高的同时，也能够实现雇员的利益需求。部分雇员对雇主或者管理者的决策不理解，或者雇主采取的管理方式不适合，会对劳动关系和谐产生影响，但是在根本上劳资关系是不存在冲突的。

两种视角的分歧导致劳动关系和人力资源管理方面研究的分离,但是从劳动关系和人力资源管理发展的历程来看,劳动关系理论的研究主要是源于古典经济学或者新古典经济学的思想,早期劳动关系的研究不仅关注工人运动、集体谈判、劳动争议等问题,而且人事管理、相关劳动法律等也是其重要的研究内容,"二战"以后劳动关系研究才主要倾向于工会和劳资关系冲突等问题,所以早期劳动关系研究范畴和人力资源管理研究范畴是有重叠部分的。而随着人力资源管理的盛行,管理学者也逐渐意识到,在探索最佳人力资源管理实践的过程中,忽略了劳动关系的广泛的哲学基础(Delbridge 和 Keenoy,2010)。随着全球竞争的进一步加剧,企业通过人力资源管理措施实现企业内部劳动关系和谐,进而促进整个国家、社会稳定和经济发展应该成为关注的焦点。人力资源管理的研究需要借鉴早期劳动关系研究的成果,而劳动关系研究也需要逐渐回归宽泛的研究范畴,人力资源管理和劳动关系的融合成为趋势。

2. 员工参与在双重视角下的整合研究较为薄弱

早期员工参与的研究开始于产业民主,研究焦点在于员工作为产品/服务的生产者,应该对生产的过程和结果拥有控制权和发言权。Wall 和 Lischeron(1977)指出,基于产业民主的思想,在组织内部员工在决策上应该和管理者一样具有平等的影响力,管理者需要将组织运营、工作场所等相关信息与员工进行分享和沟通,对工作中出现的问题,管理者与员工之间需要进行建设性的合作。

基于人力资源管理视角的员工参与研究开始于 20 世纪 90 年代初。Lawler(1992)提出员工参与管理是提高组织绩效的重要途径,体现为基于组织的相关信息、创造激励性薪酬、提高员工知识以及赋予参与决策权力4个方面。Cotton（1993）在著作《员工参与》（*Employee Involvement*）中指出，美国经济增长缓慢（显著低于过去15年平均水平），原因在于过去多年忽略了人力资源的重要作用，而员工参与具有提高生产率和产品质量，以及改善员工态度的潜力。

综上所述，劳动关系视角下的员工参与强调制度层面的问题，而人力资源管理视角下的员工参与关注参与系统的运行结果，两种视角的研究成果一直处于彼此分离状态，双重视角下员工参与的整合研究还很薄弱。

3. 员工参与影响机制的"黑箱"的探索任重道远

20世纪七八十年代有学者提出员工参与对结果产出的影响机制（Locke和Schweiger，1979；Miller和Monge，1986），但大量的理论和实证研究主要集中在2000年以后，很多学者基于人力资源资本理论、资源基础观等理论思想，从组织层次对员工参与的影响机制进行理论和实证研究（Youndt和Snell，2004；程德俊和赵曙明，2006），也有很多学者基于社会交换理论等基础理论从个体层次探讨了员工参与对员工态度、行为和绩效的影响机制（熊立，2022；叶晓倩等，2020；Messersmith、Patel和Lepak，2011；Boon和Kalshoven，2014）。

然而，员工参与影响机制的研究结论尚存在争议。大多数研究认为员工参与能够提升智力资本（包括人力资本、组织资本和社会资本）、人力资本专有性、人力资源柔性能力等，进而对组织绩效产生积极影响（程德俊和赵曙明等，2006、2011；Wood和Ogbonnaya，2018；Song等，2018；Martinez del Rio等，2012；Vandenberg等，1999），增加员工参与能够提升组织公平感、组织自尊、组织支持感等，进而对员工组织认同、组织公民行为、创新绩效、工作幸福感等产生积极影响（于桂兰等，2019；陈明淑等，2018；刘薇等，2018；陈万思等，2016；谢玉华等，2013；Li等，

2018；Kilroy 等，2017；Zhou 和 Zou，2016；Boxall 等，2015）。然而，也有部分研究提出增加员工参与可能带来协调成本过高、决策延误和过度风险寻求等问题，员工参与对组织绩效或满意度没有直接影响或者影响是不确定的（Lanaj 等，2013；Mohr 和 Zoghi，2008；Gollan，2005；Guthrie 等，2002）。也有研究者提出员工参与对员工的消极影响，比如导致工作负荷超载过度疲劳、工作生活不平衡，以及由于增加同事监管、工作关系调整导致满意度下降等（Oppenauer 和 Van，2018；Shih 等，2010；Macky 和 Boxall，2008；Barker，2001）。

综上所述，已有研究在员工参与影响机制上积累了大量的研究成果。不过，大多数研究还是基于人力资源管理的单一视角，整合视角下员工参与的相关研究比较缺乏。此外，员工参与对组织和员工具有积极和消极的"双面"影响，已有研究对这一悖论性机制的探讨相对不足。因此，需要融合劳动关系和人力资源管理两种视角、积极和消极两个方面系统地挖掘关键变量，整合成逻辑关系链条，从而完整呈现员工参与与作用结果之间的本原和真实关系。

/ 第二节 /

研究问题、研究内容和研究意义

一、研究问题

根据以上现实背景和理论背景，本书将探索的主要问题及研究目标设定如下。

（1）为应对复杂和不确定的数智化环境，组织管理模式正经历哪些急剧的、前所未有的变化？员工参与是否正在成为一种趋势或者企业的必然选择？

（2）员工参与的研究经历了从劳动关系向人力资源管理领域拓展或转变的过程，融合劳动关系和人力资源管理双重视角的员工参与如何进行界定？其结构维度又是怎样划分的？

（3）数智化时代员工参与形式有哪些新变化？员工参与能否提升员工适应性绩效？员工参与对适应性绩效产生影响的过程机制是什么？情境因素对这一过程的具体作用机理是怎样的？

二、研究内容

根据研究问题，本书所阐述的研究内容主要包含以下几个方面。

1. 界定或扩展员工参与的内涵和维度

员工参与研究源于劳动关系视角，在人力资源管理领域得以快速发展。早期劳动关系学者强调影响力分享和参与决策制定，现代人力资源管理学者认为员工参与是一种工作系统设计的整合方式。首先，本书将整合两种视角下的相关研究，对员工参与的内涵和结构维度进行初步界定；其次，本书将通过扎根理论研究方法，从实践中进一步归纳和明确员工参与的内涵和结构维度，期待能够更加全面地揭示员工参与的本质和现实。

2. 剖析员工参与对适应性绩效影响的过程机制

通过访谈法完成资料的收集，以开放性编码、主轴性编码和选择性编码的顺序进行扎根理论研究，建立基于实践的理论框架，提出员工参与对适应性绩效的"双刃剑"影响。在此基础之上，以 JD-R 理论和归因理论为依据，构建实证研究模型，探索员工参与对适应性绩效的"双刃剑"影响机制及情境条件。

3. 实证检验员工参与对适应性绩效影响的过程机制

在理论推演的基础之上，构建单中介、双中介和有调节的中介模型，通过问卷调查和多种统计方法对各个模型进行检验，分析各个模型在研究问题上解释力的差异，从而检验员工参与对适应性绩效影响机制的实证研究框架是否成立和有效。

三、研究意义

基于竞争环境和员工诉求的双重压力,员工参与的广泛应用成为企业不可回避的一个重要现实,其有效性是企业十分关注的问题。同时,作为企业的一项组织管理技术,员工参与也需要组织各项资源的支持和配合,因此其有效性对企业而言有着重要的意义。本书将探索员工参与对适应性绩效的影响机制,这样既可以深入探讨员工参与的影响结果及情境边界,也可以揭示这中间的作用机理。

1. 理论意义

基于西方国家企业工会化率和工会影响力不断下降,以及我国企业工会独立性低、政策法律不健全的现实情境,劳动关系视角下的员工参与研究不能体现员工参与的现实。与此同时,人力资源管理学者们在探索最佳人力资源管理实践的过程中,忽略了劳动关系的广泛的哲学基础(Delbridge 和 Keenoy,2010),因此,将两种视角下的员工参与研究进行整合具有重要的理论意义。

与此同时,已有研究在员工参与的影响和作用机制上积累了大量的研究成果,但是学者们大多聚焦于员工参与的积极影响,对员工参与积极和消极"双面"影响的研究相对不足。

本书基于劳动关系和人力资源管理的双重视角,对员工参与的概念和结构维度进行界定,搭建员工参与对适应性绩效的"双刃剑"影响的理论分析框架和实证检验模型,并揭示了员工参与对适应性绩效影响的情境边界。本书可系统、全面地揭示员工参与的本质和现实,丰富和拓展员工参与的有效性研究,也有利于推动劳动关系和人力资源管理理论的融合和发展。

2. 现实意义

本书对企业员工管理实践具有指导意义。通过员工参与对适应性绩效"双刃剑"影响机制的揭示，一方面帮助企业更加全面地了解复杂环境背景下员工参与在组织中的角色，为企业制定员工参与策略提供实证依据；另一方面也可以帮助企业管理者解开员工参与作用机制的谜团，比较清晰地揭示员工参与对适应性绩效影响的作用机理，从而有利于组织建立和完善有效的员工参与制度和措施。

/ 第三节 /
研究思路、技术路线和结构安排

一、研究思路和技术路线

本书的研究思路如下。

首先,对相关文献进行整理和分析,包括员工参与、适应性绩效及其他概念的内涵、前因和结果等,奠定了本书的文献基础。

其次,对访谈资料进行分析,通过扎根理论研究方法构建基于实践的理论模型,提出员工参与基于不同的路径(积极和消极)影响适应性绩效的理论分析框架。

再次,以 JD-R 模型和归因理论为依据提出研究假设,构建员工参与对适应性绩效"双刃剑"影响的实证研究模型,通过问卷设计、数据收集、数据处理和结果讨论等步骤进行实证研究。

最后,对研究结论、理论和实践启示以及研究不足进行总结,提出未来研究的展望。

本书的技术路线如图 1-1 所示。

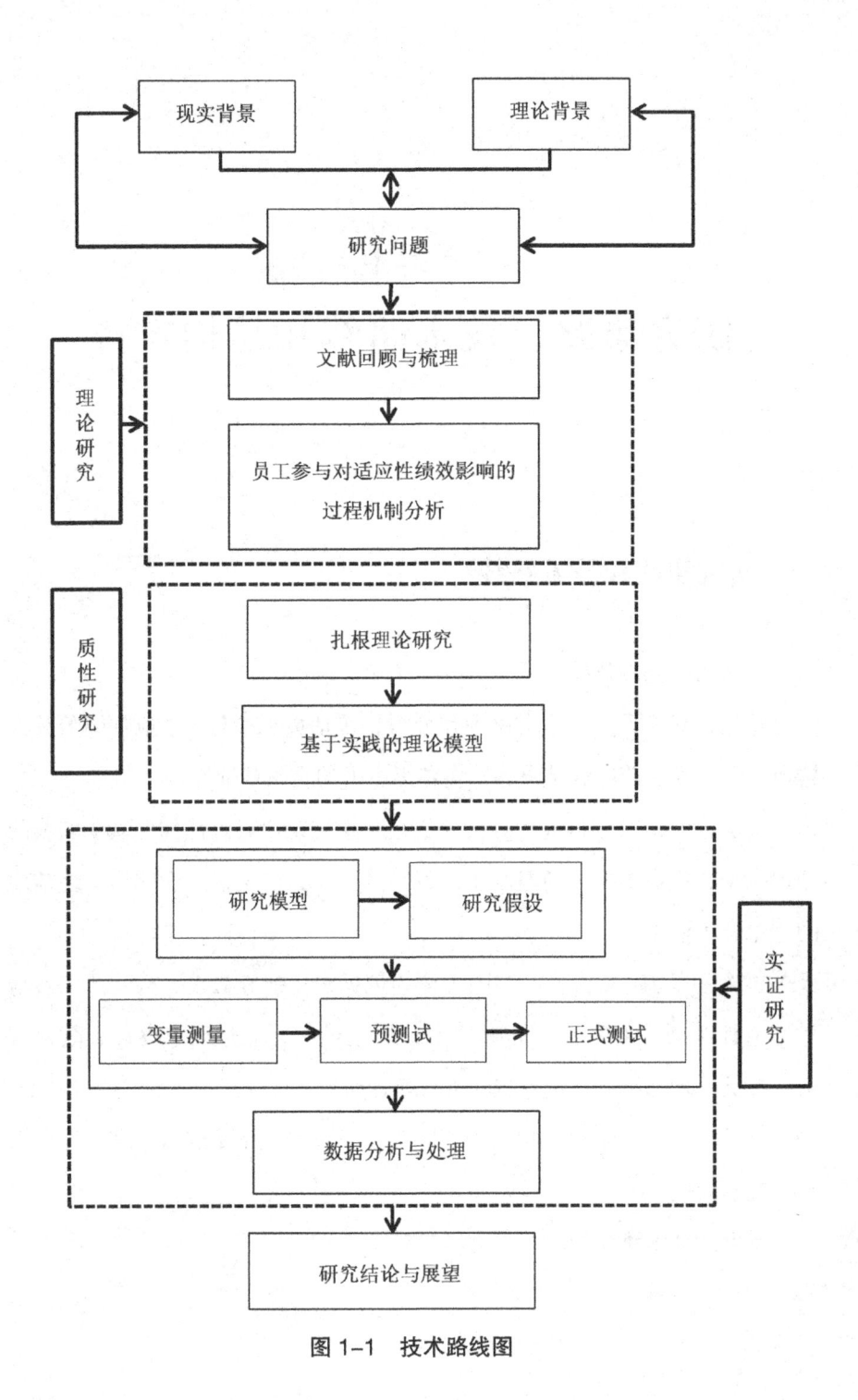

数智化时代：员工参与和适应性绩效

```
现实背景 ⇄ 理论背景
      ↘   ↙
     研究问题
```

理论研究
- 文献回顾与梳理
- 员工参与对适应性绩效影响的过程机制分析

质性研究
- 扎根理论研究
- 基于实践的理论模型

实证研究
- 研究模型 → 研究假设
- 变量测量 → 预测试 → 正式测试
- 数据分析与处理

研究结论与展望

图 1-1　技术路线图

二、结构安排

根据研究问题和研究思路，本书共设计了 6 个章节，各章节的结构安排和主要内容如下。

第一章，绪论。本章首先从组织发展压力和员工工作诉求变化等现实背景出发，结合员工参与和适应性绩效研究等理论背景，提出本书的研究问题，其次根据研究问题确定具体的研究内容，并阐明研究的目的和意义，再次根据研究内容设计本书的研究思路、技术线路及结构安排，最后阐述具体的研究方法和可能的创新点。

第二章，文献回顾和述评。本章主要对员工参与、适应性绩效及其他相关概念的文献进行了回顾和综述。首先，对员工参与的概念和形式、维度和测量等进行回顾和评述，在此基础上对员工参与的概念和维度进行初步的界定，并对员工参与的影响因素、结果和作用机制等相关研究进行归纳和评述。其次，对适应性绩效的概念、维度和测量、影响因素等方面文献进行梳理和评述。再次，对影响"员工参与—适应性绩效"关系的中间变量工作资源/工作要求进行综述，主要回顾工作资源/工作要求的源起、概念、影响因素和结果等方面的研究。最后，对情境因素人力资源归因进行综述，主要从人力资源归因的概念和影响结果等方面进行回顾和述评。

第三章，质性研究与概念模型解析。本章主要通过扎根理论研究方法，构建了基于实践的理论模型。首先，通过访谈法完成资料的收集，以开放性编码、主轴性编码和选择性编码的顺序完成扎根理论分析。其次，在明确员工参与等构念的内涵和维度的基础之上，建立员工参与对适应性绩效"双刃剑"影响的理论分析框架，并对所构建的理论模型的饱和度进行检验。

第四章，实证研究框架与研究假设。本章主要基于 JD-R 模型和人力资源归因理论，提出研究假设，将理论分析框架转化为实证研究框架。具体而言，运用 JD-R 模型和人力资源归因理论对实证模型中各变量之间的关系进行解释，从员工参与对适应性绩效的影响作用、工作要求/工作资源的中介作用、人力资源归因的调节作用 3 个方面提出研究假设。

第五章，实证研究与假设检验。首先，明确员工参与、适应性绩效以及其他相关变量的操作化定义、维度和测量工具，阐述具体实证研究的程序和方法。其次，通过问卷设计和数据收集对变量间的关系进行统计分析，检验主效应、中介效应和有中介的调节效应。最后，对实证研究的结果进行分析和讨论。

第六章，研究结论与展望。在概括本书研究结论的基础上，提炼本书的理论贡献和对实践的指导建议，并从研究设计、数据收集等方面总结和阐述本书的局限和不足，从理论建构、量表开发等方面提出未来研究的展望。

/ 第四节 /

研究方法和研究创新

一、研究方法

围绕本书的研究问题、研究内容及技术路线,拟采用文献研究、扎根理论研究、问卷调查和统计分析等具体研究方法。

1. 文献研究法

首先,通过 EBSCO、Wiley、ProQuest 等外文数据库以及中国知网、万方、维普等中文数据库对有关员工参与、适应性绩效及其他相关概念的期刊进行文献检索。其次,对已有的文献进行阅读和分类整理,归纳学者们的研究成果和观点,分析已有研究的结论和不足,探索本书的研究切入点和主要研究内容。

2. 扎根理论研究法

本研究选取了程序化扎根理论研究方法开展质性研究。首先采用访谈法进行资料的收集,选取 22 名企业员工作为访谈对象,对每位员工进行 30~60 分钟的半结构化访谈,并整理好访谈记录以供分析。其次按步骤对访谈资料进行编码分析，提炼出概念范畴，并最终提炼出员工参与对适应性绩效影响的理论框架，为实证研究做出铺垫。

3. 问卷调查法

问卷调查法是管理学研究应用最为普遍的方法，不仅收集数据速度较快，而且能够根据研究主题设计有针对性的问卷。本书采用问卷调查法，通过已经修订好的调查问卷，对大样本数据进行了收集和分析。

4. 统计分析方法

在数据分析阶段，本书主要采用 SPSS21.0 和 MPLUS7.0 等统计分析软件进行统计分析，具体的统计方法包括信度和效度分析、探索性因子分析、验证性因子分析、层级回归、路径分析等，目的是对提出的研究模型和研究假设进行检验。

二、研究创新

本书在借鉴和吸收已有相关文献的基础上，立足于数智化情境，探索员工参与对适应性绩效的"双刃剑"影响机制。本书的主要贡献和可能的创新点如下。

1. 丰富了员工参与的内涵和结构维度

早期员工参与的研究主要是基于劳动关系视角，强调员工在组织中的主体地位和发言权，主要目的是缓解劳资矛盾和促进劳资关系和谐。而现在员工参与的研究广泛存在于人力资源管理领域，强调员工参与作为一种管理技术的应用对个体和组织绩效提升发挥着重要作用。因此，劳动关系视角和人力资源管理视角下关于员工参与的界定、维度和测量有比较大的分歧。本书突破已有文献和概念的局限，整合两种视角下的研究成果，并通过基于实践的扎根理论研究过程，拓展了员工参与的内涵和结构维度。

2. 拓展了员工参与的"双刃剑"效应研究

近年来，员工参与逐渐成为企业中重要的人力资源管理方式，员工参与对组织和员工的效能受到学术界、企业及员工的关注。目前已有研究大多将员工参与看作对于员工的激励手段，认为员工参与可以为企业带来积极产出。只有少数学者发现员工参与的实施效果有时并未达到预期，甚至可能造成负面影响。基于此，本书立足数智化时代背景，探索员工参与对适应性绩效的"双刃剑"影响机制，这是对员工参与影响机理的进一步尝试和探索。

3. 深化了员工参与对适应性绩效影响机制的理论研究

以往研究主要从社会交换理论、资源基础观等视角探索、挖掘员工参与的影响机制，本书基于数智化时代背景，以 JD-R 模型和归因理论作为研究基础，引入工作要求和工作资源作为员工参与对适应性绩效影响的中介机制，将人力资源归因作为情境因素，从新的视角探索了员工参与对适应性绩效的过程机理和边界条件。

第二章
文献回顾和评述

本章将对本书所涉及核心概念的相关研究进行回顾和评述。首先,对员工参与的概念、维度、影响因素和结果产出等方面的相关文献进行详细阐述,并在此基础上对员工参与的概念和维度进行初步界定。其次,对适应性绩效的概念、维度和影响因素进行回顾和评述。再次,对工作要求/工作资源以及人力资源归因的相关文献进行梳理和述评。最后,对本书涉及的工作要求-资源模型和人力资源归因理论进行了阐述。

/ 第一节 /
员工参与的文献回顾和评述

国外关于员工参与的思想和研究已有近百年的历史，Munsterberg（1913）提出，组织潜在的收益来源于员工与管理者之间的协作。参与和协作的基本思想和元素也反映在霍桑实验的研究报告当中（Roethlisberger 和 Dickson，1939）。霍桑实验表明工厂应赋予员工实际的话语权（决定他们的工作条件），寻求与员工的合作，以提升员工的工作士气。20世纪50—60年代，许多学者的研究对员工参与理论和实践的发展起到了重要的推动作用，Lewin（1948、1951）通过实验研究对比分析独裁型、民主型和放任型领导，验证了民主型领导风格往往能够带来更高的生产率，同时他的研究也发现群体讨论和群体决策更加有效；Trist（1963）和 Emery（1964）提出了社会技术系统（Sociotechnical Systems）的概念并应用于组织领域，提出有效的工作组织应该是社会系统（人际互动）和技术系统（工具和技术应用）的同步运行，另外，他们实践和发展了自我管理团队（Self-Directed Work Team），激发了员工参与其他形式的产生和发展。

20世纪70—80年代以后，涌现了大量员工参与的文献，其研究主题也多种多样，包含参与决策制定（Alutto 和 Belasco，1972；Locke

和 Schweiger，1979）、员工参与计划（Clegg 和 Wall，1984；Cotton 等，1988）、授权（Conger 和 Kanungo，1988；Parker 和 Price，1994）、自我管理团队（Manz，1992）、自治工作小组（Pearson，1992）、高参与工作系统和高参与工作实践等（Arthur，1992）。这些主题来源于组织理论、劳动关系以及组织行为等不同的研究领域，而且几乎所有的研究主题都获得了学者们肯定的推断和评价。Ashmos 等（2002）从组织理论视角提出员工参与加强了组织内部的联结，使得组织以最有效的方式进行自组织和自我演变。Budd（2004）从劳动关系视角提出员工参与机制促进了劳动关系的 3 个基本目标——公平、效率和发言权的最佳平衡。Lawler 和 Mohrman（1985）从管理学视角提出员工参与不仅是哲学层次需要，而且能够为组织带来实际的收益。

一、员工参与的概念

1. 员工参与的概念

员工参与的概念广泛应用于人力资源管理和劳动关系的文献中（见表 2-1）。早期的研究开始于产业民主和参与式管理，比较普遍的定义是影响力的分享（Mitchell，1973）和员工参与决策的程度（Locke 和 Schweiger，1979；Miller 和 Monge，1986）。Neumann（1989）定义参与式的决策制定是在群体责任和系统影响的情境下组织员工自我管理的结构和过程。Cotton（1993）将员工参与定义为发挥员工全部能力，鼓励员工对组织成功进行更大承诺而设计的一种参与过程。Glew 等（1995）将员工参与定义为组织中高层管理者为低层次员工或群体提供角色外的机会，让他们对组织绩效有更大的发言权。Wall 和 Lischeron（1977）提出参与包含 3 个基本要素，即影响力（员工和管理者在决策上的公平影响力）、互动（员工和管理者相互具有建设性问题解决导向的共同合作）和信息分享（信息的共同分享与沟通）。Cox、Marchington 和 Suter（2009）将员工参与定义为管理者和员工直接或间接的互动过程，包括信息分享和员工对部门机构等产生影响的程度。

目前大多数人力资源管理方面的研究将员工参与作为一个工作系统设计的整合方式（Benson、Young 和 lawler 2006）。Walton（1985）提出，高参与管理方法认为员工具有良好的自我控制能力和自我实现动机，如果对员工进行必要的培训、组织和领导，同时提供挑战性的工作，员工就能够在工作的过程中最大限度地发挥自己的创造力。Lawler（1988）提出，不同程度的参与基于组织的相关信息、创造激励性薪酬、提高员工知识以及赋予参与决策权力4个方面。Mohr 和 Zoghi（2008）将高参与工作设计定义为质量圈、反馈、建议计划、任务团队和岗位轮换等项目的应用。Handel 和 Levine（2006）认为，员工参与包括工作轮换、质量圈、自我管理团队、提出生产建议、意见表达、管理者提供信息以及一些支持性行为。Green（2012）认为，员工参与是指员工获得信息、参与生产以及组织有关问题的讨论、参与利润分享计划或者绩效工资、工作设计或者工作重塑等。

表 2-1 员工参与的概念

视角	代表性定义	基本要素
劳动关系视角	影响力的分享（Mitchell，1973）	影响力 互动 信息分享
	员工参与决策制定（Locke 和 Schweiger，1979；Miller 和 Monge，1986）	
	参与式的决策制定是在群体责任和系统影响的情境下组织员工自我管理的结构和过程（Neumann，1989）	
	发挥员工全部能力，鼓励员工对组织成功进行更大承诺而设计的一种参与过程（Cotton，1993）	
	组织中高层管理者为低层次员工或群体提供角色外的机会，让他们对组织绩效有更大的发言权（Glew 等，1995）	
	管理者和员工直接或间接的互动过程，包括信息分享和员工对部门机构等产生影响的程度（Cox、Marchington 和 Suter，2009）	
人力资源管理视角	员工具有良好的自我控制能力和自我实现动机，如果对员工进行必要的培训、组织和领导，同时提供挑战性工作，员工就能够在工作过程中最大限度地发挥自己的创造力（Walton，1985）	权力 知识 报酬 信息
	不同程度的参与基于组织的相关信息、创造激励性薪酬、提高员工知识以及赋予参与决策权力 4 个方面（Lawler，1988）	
	高参与工作设计为质量圈、反馈、建议计划、任务团队和岗位轮换等项目的应用（Mohr 和 Zoghi，2008）	
	包括工作轮换、质量圈、自我管理团队、提出生产建议、意见表达、管理者提供信息以及一些支持性行为（Handel 和 Levine，2006）	
	员工获得信息、参与生产以及组织有关问题的讨论、参与利润分享计划或者绩效工资、工作设计或者工作重塑等（Green，2012）	

2. 相关的概念

高承诺管理（High Commitment Management）、高承诺人力资源实践（High Commitment Human Resource Practices）、高参与工作系统（High Involvement Work System）、高参与人力资源实践（High Involvement Human Resource Practices）、参与式管理（Participatory Management）、高绩效工作系统（High-Performance Work System）、高绩效人力资源实践（High-Performance Human Resource Practices）等均是与员工参与类似的概念（见表2-2）。

高承诺管理或者高承诺人力资源实践是指通过一系列人力资源实践使员工认同组织目标，对组织产生承诺，进而为组织目标的实现不懈努力（Arthur, 1994; Whitener, 2001; Wood 和 Menezes, 1998）。高承诺工作系统包括广泛的培训、内部晋升、具有竞争力的薪酬等能够塑造员工与组织情感联结的人力资源实践。与控制型工作系统不同，高承诺工作系统是以提高员工的承诺为目的，而控制型人力资源系统则是以降低成本为目的。

高参与工作系统或者高参与人力资源实践是与高控制型工作系统相对的概念，相对于传统高控制型工作系统将知识、信息、决策权和报酬高度集中于高层管理者，高参与工作系统倡导给予基层员工相应的信息、知识、权力和报酬（程德俊和赵曙明，2006；Lawler, 1988）。具体而言，高参与工作体统包括灵活性工作设计、创新性招聘方法、按业绩付酬、自我管理团队、广泛培训、工作轮换、信息分享等人力资源措施。按照社会交换理论的观点，员工在得到较多的激励的同时，也将对组织具有更多的贡献。

参与式管理主张让员工不同程度地参与企业决策。信息分享、知识发展和培训、报酬系统、权力分享构成了参与式管理四维结构模型，也是参与式管理的4种基本机制（Lawler, 1988; Collins, 1997）。参与式管理是一个良性循环过程，参与管理的员工更乐于接受参与过程形成的管理政策，提高工作绩效，参与管理意愿增强，从而能更充分地发挥员工价值（Kanter，1981；陈万思等，2016、2013）。

高绩效工作系统或高绩效人力资源实践是指通过实施一组不同但相互关联的人力资源管理实践改善员工的能力、态度和动机，以最终提高员工和企业的绩效（Boxall，2012；Zacharatos等，2005）。蒋建武和赵珊（2017）认为高绩效工作系统与承诺型人力资源管理相似，包括员工的知识与技能增长、工作丰富化与扩大化、团队合作与信息共享、自主决策与有效授权、多元激励与发展性考核等实践。苗仁涛等（2013）提出，与高承诺工作系统不同，高绩效工作系统将由承诺型实践（包括严格招聘、广泛培训、内部劳动力市场、员工参与、薪酬管理、信息分享等）以及控制型实践（包括基于结果的考核、竞争流动与纪律管理等）共同构成。

尽管以往的研究认为这几种工作系统可以相互替换，但还是存在一些差别。首先，高承诺和高参与工作系统都以提升员工的组织承诺为目的，强调与员工建立心理连接，激发员工的工作主动性和热情，进而促进组织和员工目标的实现。高绩效工作系统或人力资源实践注重工作结果，以提升组织绩效结果为目的，员工目标要服从组织目标。因此，高承诺和高参与工作系统不能等同于高绩效工作系统。在中国情境下高承诺或者高参与很难产生高绩效（张军伟，2015），我国有效的人力资源管理体系是一个由承诺和控制人力资源实践组成的"混合体系"，与高承诺和高参与工作实践相比，对企业绩效具有更显著的积极影响（Su和Wright，2012），通常在甄选与培训等方面是承诺导向的，而对于竞争流动和纪律管理等实践则是控制导向的。

表 2-2　与员工参与相近的概念

概念	内涵	内容	学者
高承诺管理/高承诺人力资源实践	通过一系列人力资源实践使员工认同组织目标,对组织产生承诺,进而为组织目标的实现不懈努力	广泛的培训、内部晋升、具有竞争力的薪酬等	Arthur, 1994; Whitener, 2001; Wood 和 Menezes, 1998
高参与工作系统/高参与人力资源实践	给予基层员工相应的信息、知识、权力和报酬	灵活性工作设计、创新性招聘方法、按业绩付酬、自我管理团队、广泛培训、工作轮换、信息分享	程德俊和赵曙明, 2006; Lawler, 1988
参与式管理	让员工不同程度地参与企业决策	信息分享、知识发展和培训、报酬系统、权力分享	Kanter, 1981; 陈万思等, 2016、2013
高绩效工作系统/高绩效人力资源实践	通过实施一组不同但相互关联的人力资源管理实践改善员工的能力、态度和动机,以最终提高员工和企业的绩效	严格招聘、广泛培训、内部劳动力市场、员工参与、薪酬管理、信息分享等;基于结果的考核、竞争流动与纪律管理等	Boxall, 2012; Zacharatos 等, 2005

二、员工参与的形式

1. 传统的员工参与形式

员工参与具体表现为多种形式,在不同时期、不同国家和劳动关系模式下,参与形式存在很大的差异(见表 2-3)。Bar-Haim(2002)将参与历史划分为 20 世纪 80 年代以前的工人参与(Worker Participation)和

20世纪80年代以后的员工参与（Employee Involvement）两个阶段。工人参与以正式代表参与为主（Marchington，1987），实现产业和平和提高生产率是工人参与的主要目标，且在不同国家和劳动关系模式下正式代表参与在管理者利益、表现形式、规则和主题等方面也存在一定的差异。英国是通过联合咨询委员会的参与形式使工人拥有相关事务的被咨询权；德国的共同决策制是通过工人代表参与监事会和工作委员会两种渠道来实现；美国的集体谈判制度则鼓励管理者和工人共同决定雇佣条件。

20世纪80年代以后，员工参与的目标、战略结构和操作模式发生了很大的变化，产业民主和产业和平不再是参与的主要目标，管理者期望设计一种参与结构和过程以提高生产率和竞争力，具体包括技能提升、团队工作、质量承诺和加强工作柔性等，于是产生了全面质量管理、质量圈、收益分享计划、工作丰富化等参与形式。这些参与形式能够改善工作条件和提供更多员工自我发展的机会，进而直接影响生产率。另外，管理者们也在寻求其他的非正式员工参与途径，比如团队会、问题解决小组、态度行为调查等形式都为员工参与提供了机会，目前这些参与方式也普遍存在（Cox、Marchington和Suter，2009；Lavelle等，2010）。另外，非正式信息互动参与普遍存在于缺乏正式参与的中小型企业中，同时大型企业也通过采取这种形式来建构员工信任和承诺（Townsend等，2012）。

学者们对员工参与的不同形式进行了整合和分类，比较普遍的归类方式是将参与划分为直接参与和间接参与。Hyman和Mason（1995）认为，直接与间接参与都是给予员工话语权：直接参与是个体员工的话语权，间接参与是集体话语权的体现。Alutto和Belasco（1972）认为参与的有效性取决于个体期望参与和实际参与之间存在差异，据此将决策参与分为剥夺、平衡和饱和3种状态,具体表现为员工实际的参与少于、等于以及超过期望的参与。Lawler（1995）按照权力下移的程度将其分为提案参与（Suggestion Involvement）、工作参与（Job Involvement）和经营参与（Business Involvement）3种形式。提案参与鼓励员工提出变革的建议,但员工无权进行决策,因影响力有限对现有组织结构没有冲击而成为最为普及的参与形式;工作参与是伴随个体工作丰富化或自我管理团队的创建而出现,组织结构需要发生改变,员工及其团队执行基本生产与服务工作的重要决策权力;经营参与不仅包含工作参与和建议参与,而且还强调员工参与经营管理。

Macy、Peterson和Norton（1989）将员工参与分为人际参与（Interpersonal Participation）和结构参与（Structural Participation）。人际参与是指管理者通过与下属交流征求下属的意见和建议,这种参与往往没有制度规定,因此属于非正式参与;结构参与是指有明确的制度规定参与规则、程序等。Roy（1973）将员工参与区分为人际参与（Interpersonal Participation）和制度参与（Institutional Participation）。前者是发生在小群体的上下级关系中;后者代表正式制度设计的参与方式和结构。

Ben-Ner和Jones（1995）认为员工的所有权包括控制其使用和享有其收益,控制权涵盖了组织目标确定、组织中的员工职位及职位功能以及如何实现功能等内容,收益权包括返还财务和获得物质收益,可以表现为分配利润、工资、工作条件等,他们认为参与计划使员工享有控制权和报酬权。Perotin和Robinson（2002）将员工参与分为参与控制和参与报酬两种类型,参与实践既包括直接或间接的参与形式,比如双向沟通、质量圈、自治团队和工人委员会、联合咨询委员会工作,也包括收益分享计划和员工持股计划等。参与控制的效果通过增加员工的创造力、责任心和尊严,以及降低冲突促进决策,增加信任促进协作等来实现;参与收益则是通过给予员工工作激励促使其努力工作，获取更多的人力资本以及减少员工流失等。

Leifer 和 Hubers（1977）将员工参与决策制定划分为工作决策参与和战略决策参与。Wall、Wood 和 Leach（2004）将员工参与区分为角色参与（Role Involvement）和组织参与（Organizational Involvement）。角色参与集中于员工的核心工作，而组织参与是指员工参与超过工作范围的决策制定。Wood 和 Menezes（2011）认为传统产业关系中参与是核心要素，而激励被视作是对参与的支持，据此他们将员工参与划分为角色参与、高参与管理、发言权和经济参与 4 种类型。角色参与是指个体执行和管理自己工作任务的责任；高参与管理是指直接的组织管理的类型，比如团队工作、质量圈、头脑风暴等；发言权指与正式员工关系机制相关的间接参与机制，比如工会、工作委员会等；经济参与涉及支付方式、晋升、财务收益等实践。Wood 等（2012）基于以上研究提出员工参与包括工作场所的丰富化工作设计和超越工作场所的组织管理方式，前者是指采取工作丰富化的方法和导向设计高质量的工作，使员工对自己的基本任务具有自由裁量权和灵活性，后者鼓励员工的积极性、柔性和合作，通过参与实践提供组织参与的机会，包括直接参与（头脑风暴法、团队工作、灵活工作设计等）和间接参与（信息传播和具体参与培训）两种形式。

表 2-3 传统的员工参与形式

学者	观点	具体参与形式
Bar-Haim（2002）	工人参与（Workers Participation） 员工参与（Employee Involvement）	员工持股计划 收益共享计划 工作生活质量设计 工作团队 质量圈 工作丰富化 建议制度 职工大会/职工代表大会 职工董事监事制度等 ……
Alutto 和 Belasco（1972）	决策剥夺（Decisional Deprivation） 决策平衡（Decisional Equilibrium） 决策饱和（Decisional Saturation）	
Lawler（1995）	提案参与（Suggestion Involvement） 工作参与（Job Involvement） 经营参与（Business Involvement）	
Macy、Peterson 和 Norton（1989）	人际参与（Interpersonal Participation） 结构参与（Structural Participation）	
Roy（1973）	人际参与（Interpersonal Participation） 制度参与（Institutional Participation）	
Perotin 和 Robinson（2002）	参与控制（Participation in Control） 参与报酬（Participation in Returns）	
Wall、Wood 和 Leach（2004）	角色参与（Role Involvement） 组织参与（Organizational Involvement）	
Wood 和 Menezes（2011）	角色参与（Role Involvement） 高参与管理（High Involvement Management） 发言权（Voice） 经济参与（Economic Involvement）	

2. 数智化时代员工参与的新形式

数智化时代背景下，员工参与的新形式不断涌现，这些新形式为不少企业带来了新的活力，本书就几个比较典型的形式做简要解释（见表

2-4）。

项目式团队是为实现项目目标而建立的项目人力资源的聚集体，成员的增减具有灵活性。同一项目团队中的员工共同承担项目目标的责任，以兼职或者全职的形式向项目经理进行汇报。

工厂中的工厂是一种新型的内部承包经营方式，在这种方式中，企业员工独资以独立小企业的形式承包经营企业的某个部门、某个项目或者某个经营环节，形成一种承包经营关系。

网络协商民主是"互联网+民主管理"的创新形式，突破了传统协商民主在时间和空间上的限制，使员工可以在互联网上自由参与企业的民主协商，发表自己的观点和看法，提高了员工在企业事务决策中的影响力。

云听会是在云视频、云网络等技术的支持下，让处于不同地域的员工通过电脑或者手机等设备，实现多人、多点的远程会议接入。云听会充分打破了时间和空间的限制，为员工提供了身临其境的"面对面"会议体验。

小组制即以小组为核心的全程运营体系，是在打散传统直线职能体系后建立的权责分明的小组体系。小组制以经营为导向，为每位成员布置相应的任务，充分调动了每个员工的积极性。

数智化时代背景下，员工参与的新形式在各个企业中也有不同的表现。华为缩小经营单位，打"班长的战争"，简化组织管理，让一线人员来感知和发现机会，总部变成资源配置和支援的平台，这是华为组织的一个大改革。华为将企业的一些重大经营决策权下放到子公司，并建立董事会实现监督管理，使华为的每个员工都能成为价值创造者，都能有价值地工作。小米的组织完全是扁平化的，7个合伙人各自形成一个自主经济体。同时，小米组建了项目制团队，使内部完全处于激活的状态，大家进行协同并各自承担相应的任务和责任。小米还建立了公开透明的利益分享机制，基于每位员工的能力和贡献分享利益。阿里巴巴施行了人力资本合伙人制度，人力资源不仅要获得工资报酬，也要参与到企业的利益分享以及企业的经营管理。海尔则提出了自主经营体和员工创客化，将企业总部作为一个平台，进行资源的整合和运筹。海尔推行以用户为中心的人单合一自主经营体双赢模式，根据员工所创价值来进行企业价值的分享。海尔倡导员工创客化，鼓励员工基于企业资源去创业，让每位员工都成为核心，并共享利益。

表 2-4　数智化时代员工参与的新形式

员工参与的新形式	具体案例
项目式团队（Unit Group） 工厂中的工厂（Factory within a Factory） 网络协商民主 云听会 小组制等 ……	华为"班长的战争" 小米"项目制团队" 韩都衣舍"三人小组制" 海尔"平台+自主经营体+创客化"等 ……

三、员工参与的维度和测量

1. 员工参与的维度

员工参与的维度用于描述员工参与的内涵和性质，也用于界定组织中哪些活动从属于员工参与的范畴（见表 2-5）。20 世纪 80—90 年代关于员工参与的综述文献都提出参与是多维结构的概念（Dachler 和 Wilpert，1978；Locke 和 Schweiger，1979；Miller 和 Monge，1986；Wagner 和 Gooding，1987）。

数智化时代：员工参与和适应性绩效

Dachler 和 Wilpert（1978）用 5 个维度来描述员工参与的性质：正式－非正式；直接－间接；影响程度；参与内容；参与范围。正式参与和非正式参与在合法性基础上存在差异，正式参与的合法性主要源于法律、合同和管理政策，非正式参与是基于社会单位或个人在社会互动中的共识，通过实践和发展程序或习俗变得合法化。直接参与和间接参与反映了参与的发展历史，直接参与是基本的标准和理想形式，间接参与与专制社会系统相对应。参与是基于影响程度不同的连续统一体，比如参与可以分为没有参与、给以信息、员工建议、建议采纳、否决权、完全参与等（IDE，1976）。民主和社会主义理论认为要进行广泛的参与，人文主义和效率理论强调根据组织角色限定参与内容。参与范围是指参与系统所设计的人员范围（选举的代表、特定的人群和部门、全部组织成员、外部人员等）。Strauss（1982）采用分类学的方法将员工参与分为 4 个维度：组织层次、控制程度、参与议题范围和员工所有权。组织层次是指员工参与聚焦在部门和个体层次还是聚焦于公司和工厂层次；控制程度是指员工是被咨询、参与政策制定还是完全控制；参与议题范围是指员工是参与生产问题、工作内容还是投资决定等重大问题；所有权是指多大程度员工所有。

Cotton（1993）根据各种员工参与形式对组织的有效性将其划分为强参与、中参与和弱参与 3 类：强参与包括自我管理团队和利润分享计划，这两项制度对员工态度和生产率都能够产生积极的影响；中参与主要包括工作生活质量计划、工作丰富化、员工持股计划等，这种较高层次的参与制度并未大幅度提升生产率；低参与主要是质量圈和各种代表参与形式，员工往往在这些形式上缺乏真正的决策自主权。

Black 和 Gregersen（1997）总结了学者们关于参与的 6 个具体维度（理论导向、结构、形式、问题、程度、过程）。员工参与具体包括两种理论导向，人类／民主理论导向认为员工有权参与相关决策，这种理论导向假定员工有能力或者有潜力参与决策；实用主义/人际关系理论导向认为员工参与是组织取得高绩效的工具。参与结构是指正式-非正式结构，正式参与结构一般有明确的规则和程序，非正式参与结构没有明确的关于谁参与、怎样参与等问题的规则。参与形式具体包括直接参与和间接参与，直接参与形式允许参与者直接参与决策过程，提供信息和建议给其他的参与者，间接参与形式仅限于选举、轮换或任命的代表参与。参与问题具体包括工作或任务涉及、工作条件、战略问题、资本分配或投资问题4个方面。参与程度分为没有参与、给以信息、员工建议、建议采纳、否决权、完全参与6种程度。参与过程包括识别问题、可供选择的解决方案、选择具体方案、方案实施、评估方案结果。参与程度（从没有参与到完全参与）贯穿于参与过程的每个阶段。

Granovetter（1985）提出的嵌入度3个维度，即网络嵌入、制度嵌入和时间嵌入，用于研究经济行为的社会影响，Cox、Zagelmeyerl和Marchington（2006）借鉴过来开发了员工参与嵌入度的概念，认为员工参与嵌入度划分为广度和深度两个维度。参与广度是指员工参与的网络嵌入（多种参与实践相互依赖相互影响），用于衡量工作场所中员工参与的数量；参与深度是指员工参与的制度嵌入（参与实践作为组织规则的合法性）和时间嵌入（参与实践的频率和规律性），用于衡量单一参与实践的嵌入程度。Marchington（2015）也采用这种维度划分方式，并发展了员工参与广度和深度的测量方法。Pendleton和Robinson（2010）提出员工参与包含参与类型和参与质量两个维度，参与类型是指工作场所中参与的数量，包括质量圈、信息系统和建议计划等；参与质量主要反映员工是否有足够的发言权，体现在工作会议中重视和处理员工问题和意见的程度。

表 2-5　员工参与的维度

学者	维度
Dachler 和 Wilpert（1978）	正式 – 非正式、直接 – 间接、影响程度、参与内容、参与范围
Strauss（1982）	组织层次、控制水平、参与议题范围、员工所有权
Cotton（1993）	强参与、中参与、弱参与
Black 和 Gregersen（1997）	理论导向、结构、形式、问题、程度、过程
Cox、Zagelmeyerl 和 Marchington（2006）	参与广度、参与深度
Pendleton 和 Robinson（2010）	参与类型、参与质量

2. 员工参与的测量

学者们根据不同的研究主题制定相应的测量工具，对员工参与的有效性开展实证研究（见表 2-6）。20 世纪 70—80 年代，员工参与比较统一地被界定为影响力分享和参与决策制定（Mitchell，1973；Locke 和 Schweiger，1979；Miller 和 Monge，1986），因此员工参与测量主要集中于工作场所员工参与决策制定的影响程度。比如，Alutto 和 Acito（1974）采用 7 个题项（"当有多项任务需要完成时可以决定完成工作任务顺序" "当完成一项任务后可以决定下一项工作任务" 等）的测量量表来评估制造业企业员工参与决策制定的程度。也有学者从产业民主的视角认为员工参与不仅局限于工作场所，因此将员工参与决策制定划分为工作决策参与和战略决策参与（Leifer 和 Hubers，1977；Wall 等，2004；Wood 等，2012）。Leana、Ahlbrandt 和 Murrell（1992）采用 24 个题项测量在 4 个方面员工对决策制定影响的程度，具体为：传统管理问题、战略问题以及其他传统上都是由管理者单独决策的问题，比如薪酬、投资收益等；质量或工作有效

第二章 文献回顾和评述

性问题，比如工作安排、工作方法等；工作团队内部互动问题，比如如何雇佣、如何进行任务分配等；报酬问题。Perotin 和 Robinson（2000）基于 Ben-Ner 和 Jones（1995）的观点（员工参与是给予员工控制权和报酬权），提出员工参与要从控制参与和报酬参与两个方面进行测量，控制参与包括联合咨询委员会、质量圈和团队会等，报酬参与包括利润分享计划、员工持股计划和现金分红计划等。

学者们根据 Lawler、Mohrman 和 Ledford（1995）提出的参与管理的 4 个要素（权力、信息、报酬和知识），开发了高参与工作实践/系统、高绩效工作实践/系统的测量工具（Lee、Hong 和 Avgar，2015；Pohler 和 Luchak，2014）。Benson、Young 和 Lawler（2006）提出从信息（公司总体经营状况信息、部门经营状况信息等）、培训（团队决策/问题解决技能、领导力技能等）、报酬（个体激励薪酬、团队激励薪酬）、其他（调查反馈、员工参与团队等）4 个方面衡量高参与管理实践。Zatzick 和 Iverson（2006）提出从工作场所员工调查（WES）资料中选择灵活工作设计、与员工分享信息、问题解决团队、自我管理团队、利润分享和正式培训 6 个方面测量高参与工作实践。Guthrie（2001）提出从内部提升、基于绩效（相对于资历）的提升、技能基础薪酬、团队基础（收益、利润）薪酬、员工持股计划、员工参与计划、信息分享、态度调查、工作组、交叉培训或者轮岗、针对未来技能需要的培训等方面测量高参与工作实践。Harley（2002）利用澳大利亚工作场所产业关系调查资料，从向下交流实践（管理者与员工交流工作场所绩效、人员计划和投资计划等）、向上交流实践（员工态度调查等）、平等的机会实践（正式的均等就业机会文件等）、激励计划（绩效工资计划等）、雇佣安全指标（核心员工所占百分比等）、培训构成（过去一年正式的脱产培训等）、家庭友好实践（非管理员工有权享受育儿假等）、质量圈等多方面衡量高绩效工作系统。

数智化时代：员工参与和适应性绩效

一个组织通常采用多种参与形式，所以只是针对某一种或者几种参与形式进行的测量与有效性的研究，往往不能反映组织员工参与的全部和现实。Sumukadas（2006）提出员工参与是一个有机统一的整体，而不是单个实践糅合在一起的"大杂烩"，各种参与实践之间存在互动关系，参与的有效性是多种参与形式共同作用的结果，因此需要对员工参与进行整体性和系统性的测量。Cox、Zagelmeyerl和Marchington（2006）提出员工参与的嵌入度的概念，用以代表多种参与形式的整体和融合，具体采用广度（网络嵌入）和深度（制度嵌入和时间嵌入）两个维度进行测量，其中广度可以用工作场所中员工参与的数量来测量（多种参与实践相互依赖能够增加参与的力量和质量）。Handel和Levine（2004）通过研究也表明员工参与捆绑更加有效，Wilkinson等（2013）认为多种参与实践可以增加参与的合法性和有效性。员工参与的深度可以用两个方面的指标来测量，一方面反映参与实践在组织的合法性，另一方面反映参与实践的频率和规律性。Marchington（2015）认为Cox、Zagelmeyerl和Marchington（2006）关于参与广度和深度的测量受制于WES调查数据，调查的内容仅仅包含联合咨询委员会、团队会和问题解决小组等3种正式参与形式，排除了员工意见调查等非正式参与形式。他将员工参与划分为代表正式系统、直接正式会议、信息互动3种类型，用以衡量员工参与的广度，员工参与的深度用管理者对员工参与的承诺、员工独立性的证据、有意义的参与内容以及参与的规律、频率和可持续性等4个方面的题项进行衡量。

表 2-6 员工参与的测量

类型	学者	测量（举例）
参与决策制定	Alutto 和 Acito（1974） Leifer 和 Hubers（1977） Wall 等（2004） Wood 等（2012） Leana、Ahlbrandt 和 Murrell（1992） Perotin 和 Robinson（2000）	传统管理问题、战略问题以及其他传统上都是由管理者单独决策的问题；产品质量或工作有效性问题；工作团队内部互动问题；报酬问题（Leana、Ahlbrandt 和 Murrell，1992）
高参与工作实践/系统（高绩效工作实践/系统）	Lee、Hong 和 Avgar（2015） Pohler 和 Luchak（2014） Benson、Young 和 Lawler（2006） Guthrie（2001） Zatzick 和 Iverson（2006） Harley（2002）	内部提升、基于绩效（相对于资历）的提升、技能基础薪酬、团队基础（收益、利润）薪酬、员工持股计划、员工参与计划、信息分享、态度调查、工作组、交叉培训或者轮岗、针对未来技能需要的培训（Guthrie，2001）
参与嵌入度	Cox、Zagelmeyerl 和 Marchington（2006） Cox、Marchington 和 Suter（2009） Marchington（2015）	参与广度：代表正式系统、直接正式会议、信息互动。参与深度：管理者对员工参与的承诺、员工独立性的证据、有意义的参与内容、参与的规律、频率和可持续性（Marchington，2015）

四、员工参与概念和维度的初步界定

1. 已有研究的评述和不足

从员工参与概念和维度的研究历程来看，早期和现代研究的理论视角和具体内容有很大的差异。20世纪80年代以前，员工参与概念的研究主

数智化时代：员工参与和适应性绩效

要是从劳动关系视角聚焦于影响力分享和员工参与决策制定，员工参与的维度和测量也主要关注工作场所决策参与和战略决策参与等方面的内容。20世纪80年代以后，员工参与的研究更多地从人力资源管理视角将其作为一个工作系统设计的整合方式，员工参与的维度和测量主要围绕权力、知识、信息和薪酬等4个方面，用以开展高参与工作实践／系统（高绩效工作实践／系统）等方面的实证研究。

虽然两个阶段的员工参与研究都具备特定的理论基础和研究视角，也取得了丰富的研究成果，但是两个阶段的研究一直处于一种彼此分离的状态。目前很少有研究将两个阶段的研究成果进行整合，进而全面系统地探讨员工参与的内涵和本质，同样，员工参与的维度和测量也没有形成统一的认识。

2. 员工参与的两种理论视角

在已有的相关文献研究中，不同学者在员工参与概念、维度以及测量方式等方面表达了不同的观点，主要原因在于学者们是基于不同的理论背景进行员工参与的研究。

（1）劳动关系视角的员工参与。

劳动关系理论认为雇主和雇员之间存在着经济利益冲突，雇主期望通过降低工资、增加灵活雇佣等方式缩减劳动力成本，以获得最大的经济收益，而雇员期望增加工资、改善福利、提高雇佣安全保障等，以获得较为有利的组织地位和工作条件，两者之间此消彼长的关系造成劳资关系冲突，因此平衡劳资关系冲突成为劳动关系研究的重要话题。政府政策和工会是平衡劳动关系冲突的重要治理机制，政府通过制定劳动标准和监管措施来约束雇主的行为，工会通过集体谈判等形式增强雇员的力量。

在劳动关系理论指导下，西方国家出现了工人委员会、联合咨询委员会、共同决策制、集体谈判、员工参与董事会或监事会等员工参与形式，这些形式就成为劳动关系研究的核心话题。大多数西方国家都通过法律规定的形式要求企业实行这些参与形式，比如西欧一些国家要求公司董事会或者监事会必须有一定比例的工人代表，而工人代表代替全体工人行使决策和监督的权力。代表参与也是一种以立法形式出现的广泛使用的员工参与形式，目的是在组织内部重新分配权力，使工人的利益得到保障。《中华人民共和国劳动法》也规定了"劳动者依照法律规定，通过职工大会、职工代表大会或者其他形式，参与民主管理或者就保护劳动者合法权益与用人单位进行平等协商"。

（2）人力资源管理视角的员工参与。

人力资源管理理论认为雇主和雇员之间不存在利益冲突，他们之间的目标是一致的，而所谓劳资冲突是由于管理不善或者不良沟通造成的（崔勋、吴海艳和李耀锋，2010），而雇主和雇员之间的合作，既能够实现企业绩效目标，也能够满足雇员的利益需求。Fox（1974）提出有效的政策和实践可以协调雇员和雇主的利益。因此人力资源管理成为工作场所治理的首选机制，而政府和工会都是不必要的约束。

在人力资源管理理论指导下，西方国家在20世纪80—90年代出现了质量圈、自我管理团队、态度调查、团队会等高参与管理的形式，这些高参与管理方式在企业中的广泛推行，使得企业越来越重视员工的作用，人力资源管理者希望通过员工参与的方式激发员工的潜能、增加组织的灵活性和柔性。近期盛行的高参与工作系统/实践、高绩效工作系统/实践就是基于人力资源管理或者一元主义的理论背景，其核心要素也是员工参与。

3. 员工参与概念的初步界定

通过对国外员工参与概念、形式和维度等方面文献的回顾和梳理，以及员工参与的理论基础分析，可以发现不同历史阶段和不同理论视角下的员工参与其内涵和聚焦点存在很大的分歧。传统劳动关系视角下的员工参与主要基于多元论的理论基础，关注影响力分享和员工参与决策制定，更多地强调参与制度层面的问题。而现代人力资源管理视角下的员工参与主要基于一元论的理论基础，将员工参与作为一个工作系统设计的整合方式，更多地强调参与有效性的问题。

本研究认为两种视角的研究应该是一种互补关系，而不是竞争关系。劳动关系理论除了强调制度层面的问题以外，也应该关注劳动关系系统运行的最终结果，而人力资源管理理论所强调的有效性问题也应该是建立在重塑"员工—组织"关系的基础之上。Delbridge 和 Keenoy（2010）提出，学者们在探索最佳人力资源管理实践的过程中忽略了劳动关系的广泛的哲学基础。现实的员工参与应该是整合两种视角、承载双重目标的完整视图，因此，本书基于劳动关系和人力资源管理的双重视角对员工参与的概念进行了初步界定。

借鉴 Glew 等（1995）、Cotton（1993）和 Lawler（1992）等的定义，本书将员工参与初步界定为：是指组织采取一些具体的制度计划或组织方式，让员工对工作和组织有更大的发言权，鼓励员工对工作和组织进行更大的责任承诺，以期达到提升员工主体地位和促进组织绩效的目标。

理解员工参与的概念，需要厘清以下几个方面的问题。

(1) 员工参与包含制度设计和组织方式两个方面的内容。

员工参与既包含为提高员工发言权而设计的具体组织制度，也包含一些高参与的组织方式。这一概念既融合了传统劳动关系视角员工参与是一种制度设计的本质，也融合了现代人力资源管理视角员工参与是一种管理工具的含义。

（2）员工参与是一种正式的制度和组织方式。

员工参与是组织有意采取的制度和组织方式，而不是具体员工的参与态度与行为。因此，哪些因素影响员工参与的态度和行为、如何提高员工参与的态度或行为等问题不属于本书的研究范畴。

（3）员工参与承载着提升员工主体地位和促进组织绩效的双重目标。

两个目标之间并不总是矛盾的，员工主体地位提升能够激发员工主体意识，也能够提高员工创新的机会和可能性，有利于组织绩效目标的实现。

（4）非正式的人际互动不属于员工参与的范畴。

员工参与是组织正式的制度安排，在组织小群体的上下级关系中，上级通常会与下属交流，征求下属的意见和建议，这种非正式的人际互动没有制度规定，因此不属于本书的研究范畴。

4. 员工参与维度的初步界定

学者们对于员工参与维度划分的研究主要是从参与层次、形式、程度、内容、范围等方面展开。员工参与的各个维度之间是互相联系的，员工参与的层次在一定程度上决定了员工参与的内容和形式，员工参与的形式也反映了员工参与的层次、内容和范围，员工参与的程度贯穿于员工参与的层次、形式和内容等各个方面。

本书基于前文对员工参与概念的初步界定，整合学者们有关员工参与维度的划分方式，主要借鉴 Wood（2011、2012）的观点，重新提出了员工参与的4个基本维度（见图2-1）。

（1）角色内发言权。

角色内发言权集中于员工的核心工作，强调员工执行和管理自己工作任务的权力和责任。具体而言，就是组织采取工作多样化或丰富化的方法和导向设计高质量的工作，使员工对自己的基本工作任务具有自由裁量权和灵活性。

（2）高参与组织方式。

高参与组织方式主要关注直接的组织方式，比如工作团队、问题解决小组、质量圈、建议计划等。高参与组织方式重视员工与管理者以及其他员工之间的连接和合作，这些方式有利于促进创新想法的产生和对新问题的有效解决。

（3）角色外发言权。

角色外发言权强调工作任务范畴以外的参与和正式的间接参与机制。员工享有组织层面的相关信息和影响力，在培训、雇佣和绩效考评等活动中能够得到平等的对待。此外，正式的间接参与机制，比如工会就员工工资和工作条件等方面与公司进行谈判等，也属于角色外发言权的范畴。

（4）经济参与。

经济参与涉及支付方式、财务收益等实践。经济参与通过员工持股、利润分红等物质激励的形式将员工与企业捆绑在一起，旨在鼓励员工主动承担责任，提升工作质量和工作效率。

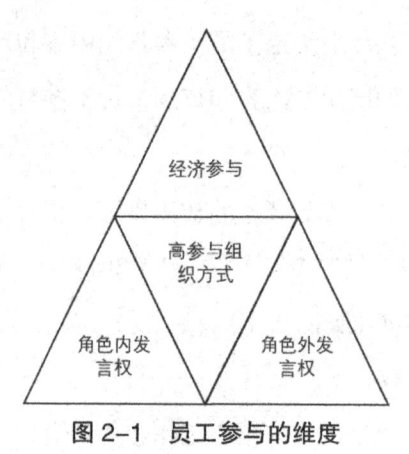

图 2-1 员工参与的维度

五、员工参与的影响因素研究

员工参与通常是管理者强加给员工的制度措施（Kanter，1983），是组织依据组织环境、战略等多种因素考量后制定的决策或计划，因此，需要探讨组织情境因素如何影响组织员工参与策略选择。Poole、Lansbury 和 Wailes（2001）提出，在一个给定的时间点，特定形式的员工参与反映了宏观条件、主体的战略选择、权力分布和组织内部结构和流程的影响作用。Marchington（2007、2015）认为，组织外部的制度框架、产品和劳动力市场情况（组织化程度）、组织结构和文化等因素使得不同的组织在员工参与的深度和广度上呈现出差异。制度框架决定了雇主选择参与实践的制度空间，行业和产品市场的稳定性影响参与的深度和广度，工会等机构也决定着参与的形式和质量，管理者对参与的承诺等组织文化因素是员工参与的重要影响因素。

本书对学者们的观点进行总结和归纳，认为影响员工参与的组织因素包括组织基本特征（规模、年龄等），组织环境、战略和绩效现状，管理者风格等 3 个基本部分。

1. 组织基本特征

组织规模、发展历史、所处行业以及组织文化等基本特征，会对组织员工参与策略选择和实现产生影响。

组织规模影响组织员工参与策略选择，但是研究结论是不一致的。有些学者认为组织规模越大，越有能力采取高参与实践（Terpstra 和 Rozell，1993；Godard，1991；McNabb 和 Whitfield，1999；Youndt 等，1996；Newton，1998、2001）。Conger 和 Kanungo（1988）的研究证明了组织规模与参与程度之间存在正向关系。Terpstra 和 Rozell（1993）、Godard（1991）

数智化时代：员工参与和适应性绩效

提出组织规模越大越容易采取高参与实践，而规模较小的组织往往面对较大的压力，没有更多的资源投资于高参与实践，因此高参与的人力资源系统更容易得到较大规模组织的支持，McNabb 和 Whitfield（1999）、Youndt 等（1996）的研究也支持了这一观点。Newton（1998、2001）指出规模较小的公司不太可能采用基于团队的薪酬，因为这样做的收益不足以抵消成本。相反，Osterman（1994）认为规模较小的组织因为没有官僚化组织结构，所以更加灵活或者更有可能采取高参与实践，Sheppeck 和 Militello（2000）、Heller 等（1998）的研究也同意这一观点。

组织发展历史较长往往带来官僚化的组织结构，以及较强的组织惯性和刚性。Conger 和 Kanungo（1988）认为官僚组织由于受到规则和制度的束缚，限制了自治和自我表达的空间，因此成为员工参与的障碍。种群生态学（Hannan 和 Freeman，1977）认为组织的年龄往往与创新采用比率成反比，进而导致组织刚性问题，这种刚性和惯性容易威胁组织的发展，在动荡的组织环境中被淘汰。未采取高参与实践往往就是因为对变革的抵制和对改变组织惯性的困难（Pil 和 MacDuffie，1996）。Nelson 和 Winter（2009）认为高参与工作实践成为组织的潜在竞争优势，工人积累的经验越少，对工作过程的固定期望越少，越容易采取高参与工作实践。Ichniowsky 等（1996）提出相对于成立时间较长的企业，年轻的企业更倾向于采取高参与实践。

Hofstede（1991）强调行业在决定组织采取人力资源管理实践中的重要性。Terpstra 和 Rozell（1993）提出组织采用的人力资源实践在不同行业的组织中存在显著差异，制造企业更关注原材料、设备和技术而不是人力资源，而服务业更加关注它们的首要资源，就是员工。服务业企业认为员工是企业的核心竞争要素，所以倾向于采用参与实践。Ordiz-Fuertes 和 Fernandez-Sanchez（2003）的研究结果也支持了这一观点。

组织可持续的竞争优势不仅取决于产品和技术过程，而且更多地基于其潜在的文化发展，基于组织文化的差异是难以短期复制的，因此人力资源管理实践和组织文化密不可分。Lawrence 和 Lorsch（1967）提出，文化可以成为战略实施的推动力也可以成为障碍，这取决于文化是否与战略相一致。如果在公司里管理层与员工保持距离，那么工作中的很多问题就会隐藏起来，如果在公司里变革被认为是不必要的，那么高参与实践或者人力资源的潜力就可能不被利用。因此，组织文化对公司员工参与的类型设计和实现有着重要的影响。

2. 组织环境、战略和绩效现状

管理实践变革往往是应对外部环境变化而采取的管理对策。Osterman（1994）提出组织采取高参与实践的主要原因包括国际市场竞争、高技能技术、强调服务质量、产品差异化或者产品质量（而不是成本）的战略等因素。Dunlop 和 Weil（1996）提出在服装业组织环境的变化影响组织采取高参与实践。Doug 和 Dexter（1991）认为组织需要发展不同的战略适应外部环境的动荡性变化，在这种情况下，高参与实践能够促进组织战略变革。Roche（1999）提出处于高度动态性环境中的组织倾向于采取参与型实践。Miller 和 Lee（2001）也提出，在稳定环境下，产品、顾客或者技术的变革是相对缓慢或者可以预测的，因此较少复杂性决策使得组织更少强调高参与实践。

不同的组织战略需要员工不同的能力，也需要不同的人力资源战略相匹配（Porter，1985）。人力资源管理领域研究中常常提到的组织战略包括成本、差异化和集聚战略。当组织竞争是基于产品或服务的质量或定制，往往需要高参与实践给予员工较多的灵活性和自主权以满足顾客需要（Piore 和 Sabel，1984）。如果组织竞争是基于成本，那么就不倾向于采取高参与战略。Arthur（1994）提出追求成本领先的组织倾向于控制型人力资源系统，差异化战略倾向于承诺型人力资源系统，需要高水平自由裁量权的战略与高参与实践相一致。Guthrie 等（2002）认为在差异化竞争战略的组织中，高参与实践与绩效正相关。Batt（2000）以服务业企业为样本，研究认为，当顾客需要高产品附加值时，企业通常采取高参与工作实践。Sanz-Valle 等（1999）的研究也表明，当企业强调高附加值而成本不重要时，倾向于采取高参与实践。Camps 和 Luna-Arocas（2009）以 183 个西班牙企业作为样本，验证了采取差异化组织战略的企业更易采取高参与工作实践。

组织绩效现状也会影响组织员工参与策略的选择。Huselid 和 Becker（1997）、Youndt 等（1996）的研究表明，越是盈利多的组织越会积极采取高参与实践，因为采取高参与工作实践需要支付很高的成本。而 Terpstra 和 Rozell（1993）则提出，越是不盈利的组织越需要采取高参与工作实践，他们认为应该是高参与工作实践导致盈利，而不是盈利导致高参与工作实践。Pil 和 MacDuffie（1995）、Dunlop 和 Weil（1996）检验了企业过去绩效与决定追求创新工作实践之间的关系，研究表明，组织在面临更多问题时才会追求创新工作实践。改革的成本低于维持现状的成本，改革决策才容易实施，所以盈利能力较差的组织越容易采取柔性生产方式或者高参与实践。Wright 等（1998）以大型石油化工企业为例，发现在过去 3 年具有较差资本收益率的组织会认识到有必要进行人力资本投入决策制定，反之，资本收益率较高的组织往往不会变革目前的工作实践。简而言之，低收益率的组织会积极进行工作实践变革，虽然变革意味着竞争优势会在短期内受到影响，但是维持现状和变革的差异并不是很大，因此倾向于采取变革措施。

3. 管理者风格

很多学者的研究表明了管理者特征对组织绩效（Moussa，2000）和组织结构（Hambrick 和 Mason，1984）的影响。Kochan、Katz 和 McKersie（1986）提出，管理者的价值观是人力资源管理实践的重要决定因素。Osterman（1994）提出，在高层管理者认为人力资源很重要的情况下，高参与实践才有可能被采用。管理者在管理实践中决定了是通过降低成本还是通过客户导向或者关系管理来维护顾客的忠诚度。学者们尝试将管理者风格划分成不同类型，不同类型的管理风格采取不同的管理实践，进而带来不一样的管理结果。比如，专制型的领导往往采取控制型的管理实践，因此不可能导致员工做出承诺或者忠诚。Richardson 和 Vandenberg（2005）验证了变革型领导与积极参与氛围呈显著正相关关系。

4. 已有研究的述评和不足

员工参与是组织有意的制度或组织方式，而组织员工参与制度或组织方式的制定是基于组织的各种情境因素。学者们纷纷提出规模、年龄、行业、组织文化、竞争环境、竞争战略、现有危机、管理风格等因素对组织采取高参与实践的影响（见表 2-7）。就组织基本特征而言，组织规模影响的研究结论是不一致的，有的学者认为组织规模越大越有能力采取高参与实践，也有的学者认为组织规模越小、越灵活越有可能采取高参与实践。学者们观点的不一致源于他们对员工参与的界定不同，后者的观点可能更加强调领导者与员工之间的非正式互动，而本书界定员工参与为组织正式的制度安排，因此更加支持前者的观点，即员工参与更容易得到较大规模组织的支持。另外，组织年龄、行业、组织文化对员工参与影响的研究结论是一致的，组织发展历史较短、处于服务行业以及管理者与员工平等的组织文化等，都有利于组织采取高参与实践。

就组织环境、竞争战略和绩效现状而言，组织环境和竞争战略影响的研究结论比较一致，处于高动态性环境中的组织和采用差异化竞争战略的组织更加倾向于采取高参与实践。但对于绩效现状影响，学者们提出了不同的观点，有的学者认为高参与实践需要支付较大的成本，所以盈利越多的组织越会积极采取高参与实践，也有的学者认为面临较多问题的组织或者绩效差的组织才有动力采取高参与实践。在现实的组织管理实践中，处于不确定环境下的组织采取高参与实践的可能性比较大，即当组织面临较多问题，变革和维持的成本差异不大时，组织更倾向于采取高参与实践。

表 2-7　组织情境因素对组织员工参与策略选择的影响

组织因素	员工参与实现的有利条件	代表学者
规模	规模大	McNabb 和 Whitfield（1999） Nelson 和 Winter（1982） Terpstra 和 Rozell（1993） Roche（1999） Arthur（1994） Dunlop 和 Weil（1996） Richardson 和 Vandenberg（2005）
发展历史	成立时间短	
行业	服务业	
组织环境	动态环境	
组织战略	差异化战略	
现状	问题多或者绩效差	
领导风格	变革型领导	

六、员工参与的影响结果和作用机制研究

员工参与对结果产出的影响主要体现在组织和个体两个层次。在组织层次，已有研究主要探讨了员工参与对生产率、满意度、绩效等方面的影

响；在个体层次，已有研究主要聚焦于员工参与对组织承诺、组织公民行为、工作绩效等方面的影响。

1. 员工参与的结果

员工参与对组织层次的影响主要体现在生产率、满意度和组织绩效等方面（Miller 和 Monge，1986；Wagner 和 Gooding，1987；Guthrie 等，2002）。Locke 和 Schweiger（1979）回顾了已有的实验研究、相关现场研究、多变量现场研究和单变量（控制）现场研究，采用元分析方法表明员工参与并不总是正向预测生产率，由于其他变量（培训、报酬系统等）的影响，在多变量现场研究中员工参与对生产率几乎没有影响，因此，需要检验情境因素对员工参与有效性的影响。除此之外，Locke 和 Schweiger（1979）的研究发现，约 60% 的研究表明员工参与和满意度存在正向关系。Miller 和 Monge（1986）通过元分析方法研究表明员工参与对生产率和满意度有影响，且对满意度的影响要强于对生产率的影响。Wagner 和 Gooding（1987）通过元分析回顾已有研究，结果表明员工参与对任务绩效、决策绩效、动机、满意度、可接受度等工作产出仅有中等程度的影响，规模、任务独立性、任务复杂性、绩效标准等情境变量的影响是不确定的。Mohr 和 Zoghi（2008）研究表明工作满意度能够积极影响员工参与，但员工参与不能产生较高的工作满意度。另外，也有学者认为员工参与对组织绩效的影响是基于组织战略（差异化的组织战略和成本导向的组织战略）的影响。Guthrie 等（2002）以新西兰的样本验证了采取高强度的高参与工作实践能够提高组织效能，但是这种有效性取决于公司所采用的竞争战略，在差异化的组织战略情况下，高参与工作实践会导致较高的组织绩效，而在成本导向的组织战略情况下，两者之间没有显著关系。Arando 等（2015）、Pendleton 和 Robinson（2010）

研究表明员工所有（员工持股）和参与决策制定（发言权）是互补关系，两者实现程度相对较高的组织会产生较高的绩效，但是员工满意度较低。

员工参与对个体层次的影响主要体现在员工态度（承诺、信任、心理授权、组织自尊等）、员工行为（组织公民行为、创新行为）以及员工绩效等方面（Macy 和 Peterson，1983；Witt 和 Meyers，1992；Chen 和 Aryee，2007；Liu 等，2012）。也有学者关注员工参与与员工福祉、身体症状和情绪压力等的关系（Spector，1986）。Chen 和 Aryee（2007）研究认为授权通过组织自尊和感知内部人身份影响个体的组织承诺、任务绩效、创新行为和工作满意度。Liu 等（2012）验证了参与式决策制定通过心理授权影响组织自尊、情感承诺和组织公民行为，而权力距离起到了调节作用。Rana（2015）探讨了高参与工作实践的 4 个要素（权力、信息、报酬、知识）与员工工作投入之间的关系。Searle 等（2011）调查了 600 名专业工人和管理者，高参与工作实践和程序公平交互影响员工对组织可靠性的感知，进而影响员工对组织的信任。Lee、Hong 和 Avgar（2015）以 378 名病人看护作为样本，检验高参与工作实践对客户（病人）关系的影响，研究结果表明高参与工作实践可以通过减少任务冲突和关系冲突，进而积极影响员工与病人和家庭的关系。

综上所述，员工参与对组织层次和个体层次的积极影响，具体如表 2-8 所示。

表 2-8　员工参与的积极影响

层次	作用结果	代表性文献
组织层次	生产率和满意度 任务绩效、决策绩效、动机、满意度、可接受度等 组织效能	Locke 和 Schweiger（1979） Miller 和 Monge（1986） Wagner 和 Gooding（1987）
个体层次	组织承诺、任务绩效、创新行为和工作满意度 组织自尊、情感承诺和组织公民行为 工作投入	Macy 和 Peterson（1983） Witt 和 Meyers（1992） Chen 和 Aryee（2007） Liu 等（2012）

学者们也关注到员工参与对组织层次和个体层次的负面影响（见表2-9）。Hansmann（1996）提出员工参与成本是非常昂贵的，包括没有经验和资质的员工参与决策制定、决策的延误、过分关注投诉和抱怨、调和竞争性员工的利益等。Pendleton 和 Robinson（2010）认为如果存在员工持股计划，这些成本会进一步扩大。Lanaj 等（2013）通过研究发现，在多团队的组织当中，分权计划的负向作用源于过度的风险寻求和协调失败。Thompson 和 McHugh（1990），Delbridge、Turnbull 和 Wilkinson（1992），Sewell 和 Wilkinson（1992），Garrahan 和 Stewart（1992）认为员工参与增加了工作责任，质量圈或者团队工作等参与实践增加了同事的监管，所以导致工作满意度下降。Glew 等（1995）提出参与项目在本质上会增加员工的工作负荷，同时也会导致工作关系的调整，进而对工作产出带来不利的影响。Chisholm 和 Vansina（1993）发现员工参与决策的制定意味着员工要偏离其他的同事。也有学者认为，尽管员工参与能够带来内在激励，但由于对员工的要求更高，可能提高员工的压力，因而也可能带来负面影响，使员工感到力不从心的挫败（Ben-Ner 和 Jones，1995）。Shih 等（2011）

以 174 名中国台湾地区外派人员为样本，证明了高参与工作系统与满意度和绩效之间的正向关系，但是同时也发现高参与系统也与外派人员的工作家庭冲突正相关，进而负向影响满意度和绩效，所以研究证明高参与工作实践对员工的工作生活具有多重的影响，并不总能带来积极的结果。Harley（2002）指出多数人认为高参与工作实践之所以有效是因为它能够改善工作态度，但同时高参与工作实践会导致员工工作强度增大，进而对员工个体产生不利的影响。

表 2-9　员工参与的消极影响

作用结果	代表性文献
没有经验和资质的员工参与决策制定、决策的延误、过分关注投诉和抱怨、调和竞争性员工的利益 过度的风险寻求和协调失败	Hansmann（1996） Pendleton 和 Robinson（2010） Lanaj 等（2013）
增加了同事的监管、工作满意度下降 员工要偏离其他的同事 工作家庭冲突	Thompson 和 McHugh（1990） Delbridge、Turnbull 和 Wilkinson（1992） Sewell 和 Wilkinson（1992） Garrahan 和 Stewart（1992） Shih 等（2011） Chisholm 和 Vansina（1993）
增加员工的工作负荷、工作关系的调整 员工感到力不从心的挫败 员工工作强度增大	Glew 等（1995） Ben-Ner 和 Jones（1995） Harley（2002）

2. 员工参与的作用机制

员工参与对组织层次和个体层次作用结果的研究结论尚存在争议，需要深入厘清员工参与对工作结果的作用机制（见表 2-10）。员工参与在组织层次的影响主要是基于人力资本理论和资源基础理论。人力资本理论认

第二章 文献回顾和评述

为人所具备的知识、技能和素质等存量总和是组织发展的动力，资源基础理论认为组织人力资本具有稀缺的、有价值的、不可模仿和不可替代等特点，是组织获取和保持竞争优势的主要来源。在人力资本理论和资源基础理论视角下，智力资本、人力资本专有性、人力资源柔性、适应能力等因素成为员工参与对组织绩效影响的中间机制（Youndt 和 Snell，2004；Beltran-Martin，2008；程德俊和赵曙明，2006；Wei 和 Lau，2010）。

员工参与对员工个体层次的影响主要基于社会交换理论，参与决策、工作自主性、内部晋升等员工参与管理意味着组织对员工的重视和信任，员工基于回报的意愿表现出积极的工作态度和行为。学者们普遍认为员工参与可以通过认知、情绪（动机）等路径影响工作产出。Miles（1975）提出的人力资源模型认为员工拥有有价值的能力能够对组织做出贡献，而员工参与提供了这样一种载体，这种载体鼓励组织充分利用员工的能力进而提高生产率。Locke 和 Schweiger（1979）区分了参与对认知的影响（更多向上沟通、更多对工作的理解）和对情绪的影响（增加信任、自我参与、群体压力），并指出很多学者关注员工参与对情绪的影响（士气和承诺带来生产率的提高），而他们认为认知的变化才是生产率提升的主要原因。Miller 和 Monge（1986）采用认知模型、情绪模型和权变模型 3 种解释机制剖析员工参与对生产率和工作满意度的作用。认知模型认为参与能够提供高质量的工作决策信息以及增加实施的知识，参与对个体生产率的有效性依赖于个体的专业知识；参与和工作满意度没有直接关系，如果要提高工作满意度和生产率，仅仅依赖参与氛围是不够的。情绪模型认为参与满足员工的高层次需要进而增加了满意度，参与氛围对于提高生产率是足够的，具备特殊能力参与决策制定不是必需的；参与和生产率之间没有直接的关系，需要通过满足员工需要增加员工的情绪动机，参与能够显著提高员工的工作满意度。权变模型认为参与对满意度和生产率的影响基于不同

数智化时代：员工参与和适应性绩效

的人和情境，需要考虑个体特征、决策环境、上下级关系、工作层次等因素，对独立性和个性等低权威主义需求比较小的员工往往受参与的积极性影响比较大；重视参与的往往是高层级员工、科研工作人员或者服务性企业员工。Sagie 和 Koslowsky（2000）认为员工参与会通过员工对决策的接受程度与决策质量影响工作产出。影响机制是通过 3 个不同路径发挥作用的：基于人际关系的激励路径能够提高员工对决策的接受度；基于人力资源的认知路径能够帮助提高决策的质量；员工参与也会带来个人控制、冲突和权力斗争、破坏性的沟通、社会负担、责任扩散、难以协调等负面影响。

也有学者从其他理论视角探讨员工参与对工作产出的影响机制。Schuler（1980）、Lee 和 Schuler（1982）尝试从期望理论和角色理论解释员工参与，他们认为员工参与首先可以降低角色冲突和角色模糊，更多的员工参与意味着角色更加清晰和角色冲突的降低。另外，员工参与可以增加员工对绩效和潜在收益的期望，参与越多员工越能知道哪些行为会带来收益哪些行为不会带来收益。最后，角色冲突、角色模糊的降低和增加绩效收益的期望会导致更高的工作满意度和上级主管满意度。Smith 和 Brannick（1990）也支持这一结论。

Appelbaum 等（2000）对前人研究进行归纳整合，提出高绩效工作系统的 AMO 模型，认为高绩效工作系统的有效性（员工绩效）依赖于员工能力（Ability）、员工动机（Motivation）以及员工工作机会（Opportunity）的改善。Kehoe 和 Wright（2010）认为，虽然学者们在高绩效人力资源系统包含哪些人力资源实践的认识上存在差异，但是这些实践的共性在于都聚焦在提高员工的能力、动机和机会方面（Combs 等，2006），以使得员工行为与组织的目标相一致。

表 2-10　员工参与作用机制

解释理论	中间机制	代表性文献
人力资本理论 资源基础理论 社会交换理论 认知模型、情绪模型和权变模型 期望理论和角色理论 AMO 模型	智力资本、人力资本专有性、人力资源柔性、适应能力 承诺、信任、心理授权、组织自尊等 认知影响、情绪影响 角色冲突和角色模糊 员工能力、员工动机以及员工工作机会	Youndt 和 Snell（2004） Beltran-Martin（2008） 程德俊和赵曙明（2006） Wei 和 Lau（2010） Miller 和 Monge（1986） Schuler（1980） Lee 和 Schuler（1982） Appelbaum 等（2000） Combs 等（2006）

3. 已有研究的述评和不足

员工参与的结果产出体现在组织和员工个体两个层次。在组织层次，员工参与对生产率、满意度和组织绩效影响的研究结论是不一致的，有研究表明员工参与的影响更多地体现在工作满意度上，而不总是正向预测生产率；也有研究表明员工参与并不能产生较高的工作满意度；有研究验证了员工参与对任务绩效和决策绩效具有中等程度影响；也有学者提出员工参与对组织绩效的影响程度取决于组织战略。员工参与对员工个体层次的影响也体现为积极和消极两个方面，积极方面的研究主要是基于员工参与对认知和情绪的影响，认为员工参与能够提升组织自尊、内部人身份感知、心理授权等，进而积极影响员工的态度、行为和绩效结果。但是也有少数研究提出，员工参与会带来工作负荷、工作强度、工作家庭冲突和同事监管等负面的影响。

学者们关于员工参与对组织层次和个体层次结果的影响没有形成一致性的结论，其原因在于：第一，已有员工参与研究基于不同的理论和研究视角，对员工参与概念的界定存在很大的分歧，可能导致研究结论的不一致；第二，通过员工参与影响因素的分析和探讨，可知员工参与对结果的影响依赖于组织特征、领导风格等多种情境因素，情境因素对员工参与的有效性会产生调节作用。

从研究历程和研究视角上来看，早期劳动关系视角的员工参与有效性研究主要关注产业和平和提高生产率，个体层次的研究相对较少；现代人力资源管理视角的员工参与研究在组织层次和个体层次都积累了丰富的文献。已有研究的不足之处在于：第一，已有研究大多聚焦于员工参与对结果产出的积极影响，少数研究关注员工参与对结果产出的消极影响，且缺乏相关的作用机理探索以及实证研究；第二，已有研究中员工参与在个体层次的产出主要集中在组织承诺、组织公民行为和工作绩效等方面，而对适应性绩效这一结果产出的研究相对不足，对"员工参与—适应性绩效"过程机制的探讨也就更少；第三，已有研究中员工参与对员工态度、行为和绩效的影响大多基于社会交换理论，该理论对于解释员工适应性绩效方面略显乏力。

七、员工参与系统的研究

1. 系统模型、理论模型和过程框架

在国外文献中，员工参与系统的研究主要有 Dachler 和 Wilpert（1978）的员工参与系统模型（见图 2-2），Macy、Peterson 和 Norton（1989）的员工参与理论模型（见图 2-3），以及 Glew 等（1995）的参与过程框架（见图 2-4）。

（1）员工参与的系统模型。

Dachler 和 Wilpert（1978）认为，参与的主题广泛涉及个体动机和能力、领导风格、团队动态过程、组织因素和社会政治结构等要素，因此需

要一个统一的框架将微观和宏观以及各学科的范式进行整合。他们提出了员工参与过程的4个基本方面：执行者的价值观、设想和目标；员工参与的性质；情境边界；结果。其中，执行者的价值观、设想和目标包括民主、社会主义、人类成长和发展、生产率或效率4种主要理论导向。民主和社会主义理论导向认为参与是一种普遍的社会现象，因此参与受制于也影响着社会、组织和个体；人类成长和发展、生产率或效率导向聚焦于个体和组织内的问题，通过管理技术设计解决组织当中存在的问题。

```
                    ┌─────────────────┐
                    │    情境边界      │
                    │   社会特征       │
                    │   其他相关组织   │
                    │   核心组织       │
                    │   组织内群体     │
                    └─────────────────┘
┌──────────────────┐ ┌──────────────┐ ┌──────────┐
│ 价值观、设想、目标│ │  参与的性质  │ │   结果   │
│   民主理论       │ │  正式-非正式 │ │   个体   │
│   社会主义理论   │ │  直接-间接   │ │   群体   │
│ 人类成长和发展理论│ │ 对决策的影响 │ │   组织   │
│   生产率或效率导向│ │   参与内容   │ │   社会   │
│                  │ │   参与范围   │ │          │
└──────────────────┘ └──────────────┘ └──────────┘
```

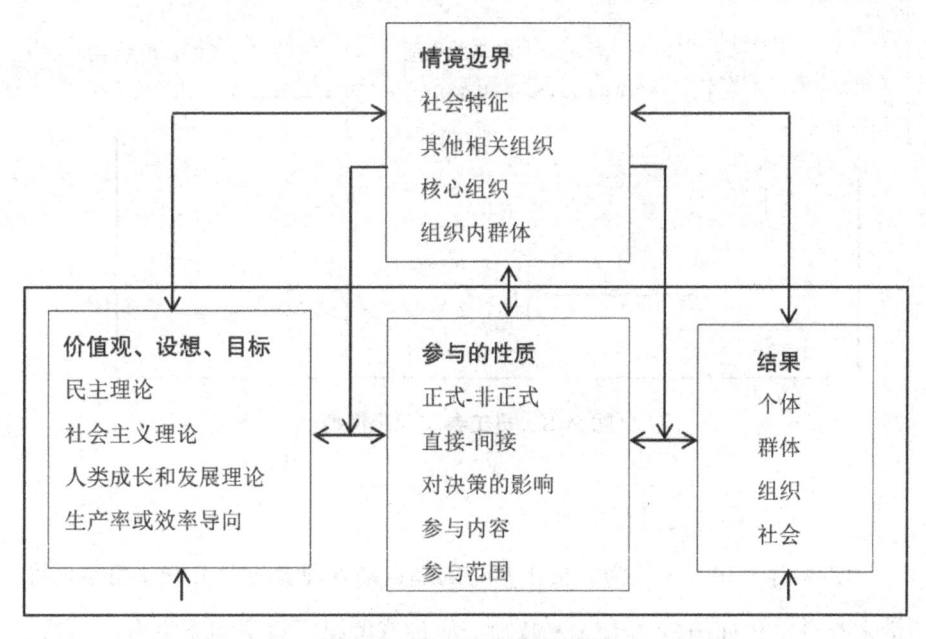

图 2-2　员工参与系统模型

（2）员工参与的理论模型。

Macy、Peterson 和 Norton（1989）认为，参与式管理根植于民主主义、社会主义和人文主义3种理论。民主主义强调所有个体在社会和组织决策中平等地参与；社会主义强调通过工人委员会的形式来实现工人控制；人文主义理论强调通过先进的管理技术（满足员工的基本需求）提高管理者的利益。他们提出了员工参与的理论模型,具体包含价值观、假设/目标,外部环境,参与的性质以及结果(组织、个体和社会)4个部分。

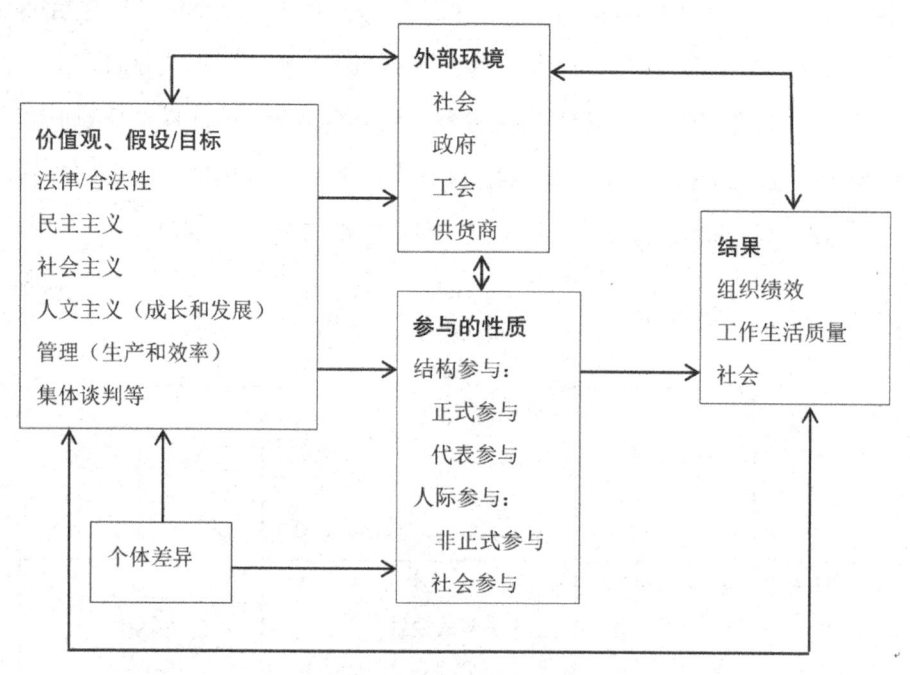

图 2-3 员工参与理论模型

(3)员工参与的过程框架。

Glew 等(1995)认为,员工参与的起点是管理者或者组织预期参与将带来收益,比如绩效、士气、激励、质量或者组织效率和竞争力。然后,由高层管理者决定并设计员工参与项目,比如员工参与决策、工作团队、授权、个体工作变动以及其他形式的权力和影响力模式的变化。这些参与项目在实施过程中会受到组织因素(组织文化、技术、发展历史、运营体系等)和个体因素(能力、意愿、态度、个性特征等)的影响,导致实际的员工参与项目可能不同于管理者最初的设计。实际的员工参与项目可以带来组织水平(绩效、效率、竞争力等)和个体水平(绩效、满意度、压力、承诺等)的结果,而在这一过程中组织因素和个体因素也会产生影响。

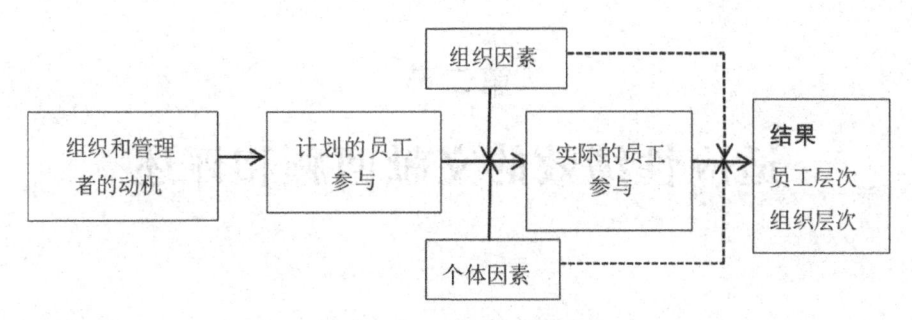

图 2-4 员工参与过程框架

2. 已有研究的述评和不足

通过员工参与系统模型、理论模型和过程框架的分析,可以发现,员工参与体系包含几个基本要素:员工参与本身、情境因素和结果。在国内外文献中关于员工参与的性质、内容和过程等研究比较多,在员工参与结果、作用机制和情境边界的研究上也积累了丰富的文献。

/ 第二节 /

适应性绩效的文献回顾和评述

一、适应性绩效的定义

工作绩效是组织行为学中对个人和组织工作结果和产出研究的重中之重,传统的绩效模型从静态角度考虑,将工作绩效划分为角色内绩效与角色外绩效,或任务绩效和周边绩效。随着信息技术的迅猛发展,全球经济逐渐发展成一体化的格局,企业之间的联系越来越紧密。全球经济一体化意味着世界上任何一个变动都有可能引起经济领域的动荡,导致企业组织的变革。因此,动态性和不稳定性成为组织和工作场所的本质特征。组织的动态性和不稳定性使得员工不得不面对更多的不确定性,员工必须能够有效应对不断变化的工作要求和工作环境。企业内外部环境日益动态化,变革性成为组织的本质特征。在这种背景下,学者们认为只强调任务绩效显得过于片面,应该将适应性绩效加入综合绩效的评价体系。因此,Allworth 等(1997)在二因素绩效模型上增加了适应性绩效,即员工表现出的应对变化的行为。

Pulakos 等(2000)认为适应性绩效是员工应对变化的反应能力,是员工应对环境变化所采取的积极行为,是员工通过改变行为更好地符合工作要求的熟练度。同时,适应性绩效也是对员工在各个方面提出的新要求,是组织内各单元动态调整发展的过程(吴新辉和袁登华,2010)。适应性绩效是一个连续地应对各种挑战,从相对不适应反应到适应反应再到有效胜任反应的过程(周厚余和郑全全,2006)。适应性绩效与外部环境的变化紧密相关,当员工调整当前行为以适应实际或预期环境变化来完成工作目标时,就会产生适应性绩效。适应性绩效涵盖了员工对于环境变化的反应性和预测性,即学习新的行为和技能来应对已发生的环境变化和预测未来将要发生的变化,避免因环境变革遭受相应的损失。总之,适应性绩效是在不断变化且充满不确定性的环境中,个体和组织有效应对非预期的工作要求和工作环境的行为,衡量了个体在面临环境变化时的心理和行为适应程度。

二、适应性绩效的维度结构

适应性绩效是一个多维度构念,研究样本的职业区别、文化背景差异及绩效评价方法的不同导致了学者们各不相同的维度研究结果(见表2-11)。

Pulakos等(2000)在回顾已有研究的基础之上,提出了适应性绩效的八维度模型,即处理紧急事件或危机情境、创造性地解决问题、处理不确定或不可预测的工作环境、应对工作压力、学习新的工作技术和方法、人际适应性、文化适应性及身体适应性,该模型得到了不少学者的认可。Charbonnier-Voirin和Roussel(2012)提出了更普遍适用于广泛的工作环境的五维度量表,包括创造性、对紧急情况或不可预知环境的反应、人际适应性、培训学习以及压力管理。Griffin等(2003)将适应性绩效八维度模型中的7个维度（除身体适应性之外）划分到3类适应性行为中，即主动性适应性行为、反应性适应性行为和容忍性适应性行为。陶祁和王重鸣（2006）在Pulakos研究的基础上，基于中国文化背景对334名接受管理培训的企业员工进行了适应性绩效的结构研究，改编得出了适应性绩效的四维度结构，即文化与人际促进维度、压力和应急处理维度、岗位持续学习维度、创新解决问题维度。

从对国内外现有研究的系统回顾来看，测量适应性绩效的有效量表并不多。本研究探究的是数智化时代背景下员工参与对适应性绩效的影响，因此在此采用陶祁和王重鸣改编的适应性绩效四维度模型。

表2-11 适应性绩效的结构维度

维度	作者	观点
八维度模型	Pulakos等（2000）	处理紧急事件或危机情境、创造性地解决问题、处理不确定或不可预测的工作环境、应对工作压力、学习新的工作技术和方法、人际适应性、文化适应性及身体适应性
三维度模型	Griffin等（2003）	主动性适应性行为、反应性适应性行为和容忍性适应性行为
五维度模型	Charbonnier-Voirin和Roussel（2012）	创造性、对紧急情况或不可预知环境的反应、人际适应性、培训学习以及压力管理
四维度模型	陶祁和王重鸣（2006）	文化与人际促进维度、压力和应急处理维度、岗位持续学习维度、创新解决问题

三、适应性绩效前因变量的研究

由于当今环境的多变性和不确定性，组织的变革性和动态性成为必然

第二章 文献回顾和评述

趋势，这就要求组织和个体必须可以从容应对快速变化的工作要求和工作环境，员工的适应性成了一项必不可少的能力。适应性绩效关系到组织长期的竞争优势和效益，其前因变量的研究也引起了学者们的关注和讨论（见表2-12）。

研究表明，个体特质对适应性绩效存在显著影响。个体的认知能力与个体解决问题、学习新知识和新技能等密切相关，能够正向促进个体的适应性绩效（Pulakos等，2002）。研究者发现，大五人格如经验开放性、情绪稳定性、尽责性对个体适应性绩效均存在显著影响（Griffm等，2007；Pulakos等，2002；Neal和Yeo等，2012）。但上述研究的样本对象分别为公共服务机构人员、军事人员以及政府工作人员，研究结果可能并不具有普适性。Pulakos等（2002）发现，个体的自我效能感对员工的适应性绩效有直接促进作用。另外，Connell等（2008）发现一些人口统计学变量与适应性绩效之间存在显著的相关性。例如，研究发现女性的适应性绩效水平高于男性，教育水平与适应性绩效之间呈正相关关系。Griffm等（2007）通过研究领导风格和特征发现，员工在感知到领导愿意传达并支持变革愿景时，员工进行高水平适应性行为的主观意愿会更加强烈。

人力资源管理实践如培训方式、管理方式、授权行为和绩效考核方式等也对适应性绩效存在显著影响。Bell等（2008）对培训的各种特征与适应性绩效进行了研究，发现探索性学习能够通过元认知对适应性绩效产生积极影响。情绪控制策略通过影响个体的自我效能感，进而正向影响个体的适应性绩效。董临萍等（2018）的研究表明，"发现—效率"范式的多元化管理方式能够提高适应性绩效。陈靖涵（2012）认为领导授权有助于加深员工对权力授予的感知，进而改善员工在工作场所中的适应性行为，提高员工的适应性绩效。洪燕翎（2019）发现发展型绩效考核可以为员工的学习和发展提供更多的资源，有助于员工持续地学习并提高个人与岗位的匹配度，从而增强员工提升适应性行为的意愿和能力。发展型绩效考核不仅仅关注员工当下的表现，而且关注员工未来绩效的改进，这可以在一定程度上缓冲不确定环境给员工带来的不安全感，有利于员工主动调整自己的行为，进行创新活动，提高适应性绩效。杜鹏程等（2021）在授权领导与员工工作绩效之间存在非线性关系的基础上，提出并证实了领导授权行为与员工适应性绩效之间的非线性关系。适度的领导授权可以鼓励员工更多地参与到企业的生产经营与决策中，使员工与管理人员建立良好的关系，从而提升员工应对复杂问题的解决能力，进而提升员工的适应性绩效。而过度的领导授权行为使得员工不得不花费更多额外的时间和精力做出太多超出角色身份的决策，对员工而言可能是一种额外的负担，会阻碍员工适应性绩效的提升。

表 2-12 适应性绩效的影响因素

影响因素	变量	引用文献
个体特质	认知能力 大五人格 自我效能感 性别、教育水平等	Pulakos 等（2002） Griffm et 等（2007） Neal 和 Yeo 等（2012） Connell 等（2008）
人力资源管理实践	培训方式 管理方式 授权行为 绩效考核方式等	Bell 等（2008） 董临萍等（2018） 陈靖涵（2012） 洪燕翎（2019） 杜鹏程等（2021）

/ 第三节 /
工作要求和工作资源的文献回顾和述评

一、工作要求和工作资源的概念

工作要求和工作资源的概念源于工作要求－资源模型，即 JD-R 模型（Demerouti、Bakker、Nachreiner 和 Schaufeli, 2001）。工作要求－资源模型提出，各种类型的工作环境和工作特征都可被划归为以下两大类：工作要求和工作资源。

工作要求被定义为工作中所涉及的生理、心理、社会或组织方面的要求，需要持续的身体或心理的努力或技能，比如高工作压力、情绪化的要求（Demerouti 等，2001）以及角色模糊、生理要求、工作－家庭冲突等（Bakker 等，2005）。工作资源被定义为工作中所涉及的生理、心理、社会或组织方面的资源，有助于个体实现工作目标，激励个人成长、学习和发展，比如自主权、绩效反馈和职业机会（Bakker 和 Demerouti, 2007）。如表 2-13 所示。

表 2-13　工作要求和工作资源的主要内容

概念	主要内容	代表学者
工作要求	高工作压力、角色模糊、工作-家庭冲突等	Demerouti 等（2001） Bakker 等（2005）
工作资源	工作自主权、绩效反馈、职业发展等	Bakker 和 Demerouti（2007）

二、工作要求和工作资源的影响效应

工作要求的主要内容包括高工作压力、角色模糊、工作-家庭冲突等。工作压力是指个人在消极事件中所产生的不适应情绪（Cooper，1976）。高工作压力可能引发生理和心理疾病、情绪不稳定和日常行为的变化（吴昊，2008），进而影响工作的组织氛围和工作效率。一方面，高工作压力可能引发个体出现高血压、心脏病等生理疾病问题，另一方面，高工作压力也会导致个体出现心理疾病问题，比如紧张、焦虑、抑郁等，这两种情况都会使员工的工作效率下降，产生工作疲劳等负面影响。角色模糊是指组织内个体感受到的对角色定位、角色期望及角色绩效等相关工作信息的不确定和不清晰（Kahn，1964；Rizzo 和 House；1970）。Kahn（1964）也指出角色模糊会带来消极的个人状态，包括降低自我效能感等。在角色模糊感知的压力下，面对相互矛盾的角色期望，员工往往缺乏清晰的工作信息，不知道该如何针对特定目标开展具体工作，员工个人的积极性将会大大下降，严重降低其个人成就感，最终导致绩效结果的下降（Peiro，2001；Rtqvist，2006）。工作-家庭冲突通常是指个体承担多种不同角色的压力和期望，超过了自身可接受的范围，从而导致个体产生的一种心理压力和情感苦恼的表现形式（Kahn 等，1990），具体细分为工作-

家庭冲突和家庭－工作冲突两个方向（Frone，1992）。一般而言，工作－家庭冲突会对健康状态、满意度和绩效产生负向影响，并降低员工承诺，正向影响退出行为（Allen等，2000；Frone，2010）。

工作资源的主要内容包括工作自主权、绩效反馈、职业发展等。工作自主权主要是指员工个体在工作上的安排（时间、方法等），能够进行自由安排的程度（Breaugh，2003）。工作自主权作为工作特征的一个维度，能够正向影响员工的积极态度和行为，比如工作满意度、组织承诺、组织忠诚度、员工主动行为、知识分享行为等（Greene，1981；张一驰等，2005；Tae等，2017；Maden-Eyiusta等，2016）。绩效反馈是指由外部行为者有意识地将任务绩效相关信息提供给个体的过程（Kluger和Denisi，1996）。如果组织没有对员工的任务绩效进行科学有效的反馈，可能就会导致员工工作满意度降低或者怀疑自身的工作价值，甚至诱发员工产生各种消极行为（Rasheed等，2015）。组织视角下的职业发展是指组织为了推动员工获取和提高知识、技能、工作绩效及个人职业发展而组织实施的规划、培训和教育活动，旨在促使组织目标与个人目标相契合（张再生，2003）。Rupietta和Backes（2012）通过对比发达国家的员工技能水平，发现具有完善职业技能培训体系（如德国的"双元制"）的国家往往具有更高的创新效率。

由此可见，工作要求和工作资源均会对员工工作产生一定的影响，具体如表2-14所示。

表 2-14 工作要求和工作资源的影响结果

维度	影响结果	代表性文献
工作要求	生理和心理疾病、情绪不稳定等 降低自我效能感、个人成就感 降低健康状态、满意度和绩效	吴昊（2008） Peiro（2001） Rtqvist（2006） Allen 等（2000）
工作资源	增加工作满意度、组织承诺、组织忠诚度、员工主动行为、知识分享行为等	Greene（1981） 张一驰等（2005） Tae 等（2017） Maden-Eyiusta 等（2016）

综上所述，员工在工作过程中既会面临高工作压力、角色模糊以及工作-家庭冲突等工作要求，也会通过工作获得工作自主权、绩效反馈以及职业发展等工作资源。然而，工作要求与工作资源的作用方向是不一致的。一般而言，工作要求对员工的积极态度和行为往往会产生消极影响，而工作资源对员工的积极态度和行为则通常会产生积极影响。

第二章 文献回顾和评述

/ 第四节 /

人力资源归因的文献回顾和评述

一、人力资源归因的概念和维度

关于因果归因的研究由来已久，归因理论主要关注人们用来解释一些行为或实践的因果原则和人们在特定生活、工作情境中的具体归因。人力资源管理是企业生产经营活动中最重要的任务之一，如果设计得当，则人力资源实践可以帮助组织提高其绩效。因此，企业开展了一系列活动如员工培训、绩效考核等保证员工的积极产出（王震和姜福斌，2021）。作为对工作环境进行意义构建的方式，员工会试图去理解、判断和解释这些人力资源实践背后的管理动机，人力资源归因这一构念由此产生（Koys，1988、1991；Nishii 等，2008）。人力资源归因指的是员工对于他们所参与到的人力资源实践的因果解释。

由于设计和实施环节中的各种问题，以及人们对于情境感知的差异，组织开展人力资源管理活动的目的可能与员工的想法并不完全相同，因此，并不是所有员工都会对人力资源实践有相近的解释。员工对这些人力资源实践所附加的意义可能会影响到人力资源管理活动实施的效果，甚至可能会影响员工的绩效结果。员工对管理层实施人力资源管理活动目的的解读，即人力资源归因，关乎组织的人力资源管理能否取得预期成效，其重要性不言而喻。

Koys（1988）最早发现员工会对人力资源管理活动实施的目的进行归因，并对人力资源归因进行了探究和实证分析，然后将这种人力资源归因分为内部和外部两种类型。内部归因即员工感知到组织实施人力资源管理活动的目的是"吸引和保留员工"和"企业的公正精神"，外部归因即员工感知到组织实施人力资源管理活动的目的是"增加个体和组织绩效"和"维持和政府的关系"。虽然这个分类存在一些缺陷，如这些特定的因果是如何界定的，以及为什么"增加个体和组织绩效"属于一种外部归因，但其研究结果在很大程度上证实了内部归因比外部归因对员工态度和行为的影响要大。Nishii 等（2008）在前人研究的基础上，对人力资源归因构念进行了更为细致的探究，将人力资源归因进行了内部和外部的划分，并最终形成了三维度人力资源归因模型。外部归因指的是员工认为人力资源实践的实施不是管理层自愿的，而是由于管理层受到了外部的某些限制而不得不采用的。例如工会服从，指组织实施人力资源管理实践是迫于工会的压力而并非组织自主意愿的体现，属于最常见也是最突出的外部归因。与前人不同的是，他们按照对员工积极或消极的影响将内部人力资源归因划分成了两个维度：一是表达组织对员工的剥削、利用和压榨，对员工产生消极效价的控制型人力资源归因，在这种归因下，人力资源实践设计的目的是剥削、压榨员工和最大化降低成本；二是表达组织对员工的认可、支持和投入，对员工产生积极效价的承诺型人力资源归因，在这种归因下，人力资源实践设计的目的是帮助员工提高产品或服务的质量、提升员工的幸福感。具体如表2-15所示。

表 2-15　人力资源归因的维度划分

	内部归因		外部归因
	人力资源的战略目标	员工导向的管理理念	
承诺型人力资源归因	质量提升	提升员工幸福感	工会服从
控制型人力资源归因	成本降低	最大化员工产出	

二、人力资源归因的影响效应

人力资源归因是员工为了更好地把握、预测工作环境，降低不确定因素而对组织管理环境进行的一种社会认知，是员工对组织进行人力资源管理实践的管理动机判断。大量实证研究表明，员工对组织实施人力资源活动的归因对其在工作场所中表现的态度和行为有重要影响，人力资源归因是人力资源实践和组织绩效之间作用机制的关键变量（Liao 等，2009；Kehoe 和 Wright，2013）。

做出承诺型人力资源归因的员工认为管理者实施人力资源实践是基于对员工的考虑，这可能会使员工产生回报组织的感觉和义务，他们可能会更愿意以组织承诺或者积极行为回馈给组织（Whitener，2001）。做出控制型人力资源归因的员工认为管理者实施人力资源实践是对员工的压榨，这可能会引发员工的逆反心理，认为组织是在利用自己，最终导致员工较低的满意度和组织承诺。但是，即使是在同一企业当中，员工对于相同的人力资源实践也会有不同的看法。例如，对一些员工而言，绩效管理制度可能传达了管理者的积极潜在动机，即将自主权力下放给员工，激励员工生产出或提供高质量的产品或服务，并将绩效作为依据对员工所创造的价值进行奖励（Spreitzer，1995）。然而，对其他员工而言，相同的绩效管理制度可能被看作管理层控制成本的一种手段,管理层实施的目的是压榨员工的所有价值以及减少组织的工资成本。

Nishii 等(2008)通过对服务公司的样本研究发现,控制型人力资源归因与员工的工作态度、工作满意度和组织承诺显著负相关,而承诺型人力资源归因与员工的工作态度、工作满意度和组织承诺呈显著正相关。他们还发现与工会服从相关的外部归因与员工的态度、行为等没有显著的相关关系。因为与内部归因相比,遵从相关的法律、政策规定是强制性的要求,与员工潜在的表现没有什么相关性。人力资源归因对员工的心理状态也有重大影响,如工作要求和工作资源的感知、情绪耗竭、工作压力等。Voorde 和 Beijer(2015)以社会交换理论和 JD-R 模型为主要理论基础研究了高绩效工作系统对人力资源归因与工作承诺和工作压力的关系。高绩效工作系统会向员工传递两种信息,组织不仅将员工看作有价值的资源,关注员工的发展,也向员工表达了绩效提升的期望。此外,承诺型人力资源归因可以让员工感受到组织对于自己的支持和帮助,降低员工的工作压力,提升员工的情感承诺水平。控制型人力资源归因则会让员工感受到更多的工作压力,体验到更高水平的工作要求。Shantz 等(2016)将人力资源归因引入人力资源管理实践与结果变量之间关系的研究,结果表明,当员工做出承诺型人力资源归因时,他们会体验到较高的工作卷入,进而降低情绪耗竭水平;当员工做出控制型人力资源归因时,他们会感受到较大程度的工作压力和工作负荷,进而提高情绪耗竭水平。Giesbers 等(2014)基于人力资源归因理论和工作要求-资源模型探究了护士对医院提供的质量测量数据反馈的管理动机归因与护士心理感知之间的关系,研究结果表明,对反馈动机做出承诺型归因的护士更有可能将医院的反馈感知为一种工作资源,而对反馈动机做出控制型归因的护士则更有可能将医院的反馈感知为一种工作要求。具体如表 2-16 所示。

表 2-16 人力资源归因的影响效应

	积极效应	引用文献
承诺型人力资源归因	提升组织承诺、积极行为、工作满意度 降低工作压力、情绪耗竭等	Whitener（2001） Spreitzer（1995）
控制型人力资源归因	增加工作压力、工作要求、情绪耗竭 降低组织承诺、工作满意度等	Nishii 等（2008） Voorde 和 Beijer（2015） Shantz 等（2016） Giesbers 等（2014）

综上所述可知：第一，已有研究对员工参与的概念内涵和维度分类等进行了有益的探索，但是对数智化时代背景下员工参与的新形式关注较少。有关员工参与影响机制的研究积累了丰富的文献，但是主要以探讨其积极效应为主，只有少数学者关注到员工参与的消极影响，更未有学者从工作要求-资源模型和归因理论的视角讨论其"双刃剑"效应的影响机制。第二，数智化时代背景下，企业所面临的内外部环境更加复杂和不确定，员工适应性绩效显得尤为重要。已有文献对适应性绩效的内涵及影响因素进行了丰富的探索，但从员工参与视角展开的研究相对较少。因此，本研究基于数智化时代背景，以 JD-R 模型和归因理论作为理论依据，研究员工参与对适应性绩效的"双刃剑"效应，明确员工参与对适应性绩效的作用机理和作用路径，为员工参与的"双刃剑"效应研究和适应性绩效的影响因素研究提供新视角，并为企业的人力资源管理实践提供相应的理论依据。

/ 第五节 /

主要解释理论

一、工作要求 – 资源模型

2001年，Demerouti等在《应用心理学》杂志上发表的论文中首次提出了工作要求 – 资源模型这一概念框架（见图2-5）。

工作要求 – 资源模型提出，工作要求和工作资源会引发两个非常不同的心理过程：疲劳过程和激励过程。工作环境和工作要求的变化对员工的工作行为和工作态度都会造成严重的影响。高工作要求将持续损耗员工的身体和心理资源，使个体长期处于疲劳状态，使得个体情绪耗竭和健康受损。当工作要求增加时，个体需要付出额外的精力来应对这种压力使个体工作成就感降低，该过程即工作要求的作用过程——疲劳过程。工作资源作为内在及外在激励因素，会激发员工的工作动机，促进员工与工作相关的成长、学习、发展以及工作目标的达成（Demerouti等，2001），该过程即工作资源的作用过程——激励过程。诸多研究证实了JD-R模型中双路径的存在及其作用。Bakker等（2003）的研究表明，工作资源可以通过组织承诺的中介作用显著预测个体的缺勤频率。Hakanen等（2008）发现，工作要求能够通过影响个体未来的工作倦怠程度来预测个体的抑郁程度；

工作资源能够通过影响未来的工作投入程度来预测个体的组织承诺；工作资源对该工作要求的倦怠过程有较弱的负向影响。

工作要求和工作资源分别通过疲劳过程和激励过程对组织绩效和员工态度、行为等工作相关变量产生消极和积极的影响。工作资源的激励作用有助于员工获得更多的能量和激情，可以更加专注于自己工作任务的完成，更好地完成工作目标。Xanthopoulou等（2009）通过分析快餐店员工的日记报告和客观的财务数据，发现员工在较为丰富的工作资源和较高的参与水平下会表现出更好的财务结果。工作要求会引发员工的疲惫情绪和工作压力，使员工没有精力来达到他们的工作目标。Bakker等（2008）的研究表明，员工的疲惫感对其客观的工作表现有负向的预测作用，但在高资源环境或者高投入型个体条件下，较高的工作要求反而会带来理想的结果。Hopstaken等（2015）的实验研究表明，高投入型的个体在高要求的工作任务中表现出的绩效更好，因为在这种环境下他们会把个人所有的精力都集中在任务上。

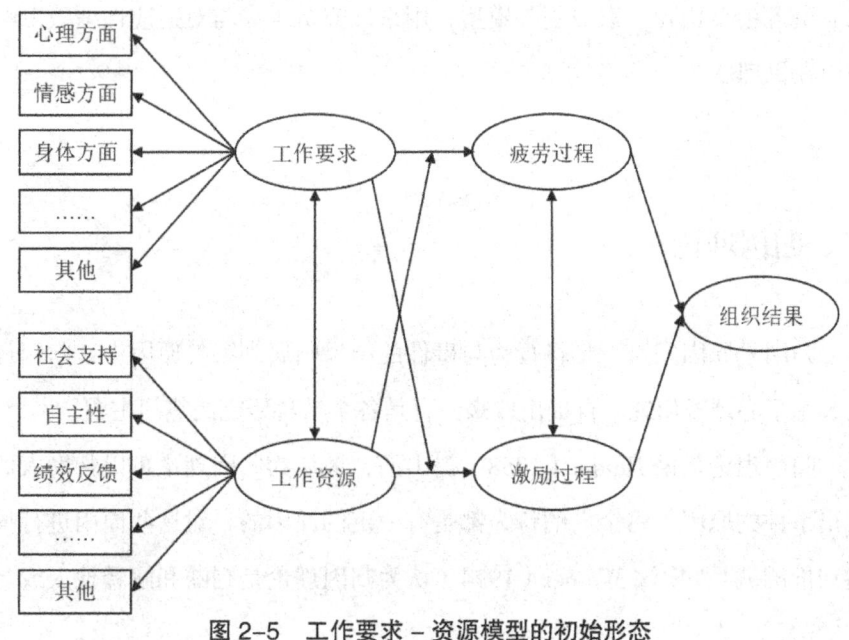

图 2-5　工作要求 – 资源模型的初始形态

JD-R 模型极具灵活性，但是这也可能导致模型产生模糊性，即一个具体的工作特征到底代表工作要求还是代表工作资源，或者一个结果到底是与疲劳过程相关还是与激励过程相关。对工作结果高度负责到底是代表一种工作要求还是代表一种工作资源，在不同的情境中讨论可能会有不同的答案，所以对工作要求、工作资源的具体认知可能取决于具体的工作环境。基于这种考虑，本研究认为员工参与对员工而言既是一种工作要求也是一种工作资源，进而展开了后续的假设和验证。

本研究基于工作要求-资源理论，将员工参与对员工适应性绩效的影响分为两个过程来讨论。一方面，提升员工参与能够给员工更多的参与组织决策、自主工作、信息共享等机会和权利，向员工传递工作资源的信号（Wood 和 Menezes，2011；Wood 等，2012）；另一方面，员工参与对员工而言也是一种压力源，向员工传递工作要求的信号（Kroon 等，2009）。工作要求作用的疲劳过程和工作资源作用的激励过程，使得员工参与的影响结果是不确定的（杨红明和廖建桥，2009）。因此，本研究将依据工作要求-资源模型构建"双刃剑"模型，用来探究员工参与对适应性绩效影响的内在机理。

二、归因理论

归因是原因归属，是将行为与事件的结果归属到某类原因中。归因理论起源于心理学研究，自提出以来一直是各个学科研究的热门主题。

归因理论是由 Heider（1958）提出的，他认为归因理论可以帮助人们找出事件的原因。每个人的行为都是有一定的原因的，对这些原因进行描述和推测就是归因。Weiner（1974）认为归因理论是判断和解释他人或自己行为结果原因的一种动机理论。个体的个性差别和以往经验等会对其归因产生影响，而个体对之前成就行为的归因将会影响其期望、努力程度等，进而对成就行为有很大的影响。综上所述，本书认为归因理论解释的是个体对行为和事件做出的因果推测，以及推测结果对个体行为态度产生的影响（Kelley 和 Michela，1980）。

归因理论作为解释个体行为原因的社会认知理论，已经被广泛运用到人力资源管理的各个环节。个体对事件的归因存在差异，对结果的解释分为内因和外因两种，所对应的归因风格分为内控型和外控型。个体的内控程度越强，就越相信自己可以通过提高能力或者努力程度来达到更高的绩效水平。相反，个体外控程度越强，就越认为自己受到外界环境的限制从而缺乏主动性而导致较低的绩效水平。因此，组织在进行招聘时，要根据特定的工作要求选取相应归因风格的求职者。比如，在对个人素质要求较高、工作环境较差，需要创造性的工作岗位上选取表现出内控倾向的员工（王震，2006）。并且，在后续培训过程中，管理者应通过相应的归因训练使员工形成较为符合的归因风格，以提高其工作积极性和绩效。由于受到主客观条件的限制，在对员工进行绩效考核的过程中，管理者在归因过程中难免会出现偏差。人们在解释他人消极行为和后果的原因时，往往会夸大他人的个人因素，低估环境因素。在对员工进行绩效考核时，管理者容易认为没有完成任务的员工是因为其自身能力不足，而不是受客观环境的影响。而在对自己的消极行为和绩效进行归因时，人们则往往高估客观环境的影响。未完成任务的员工倾向于将原因归结为外部环境的影响，否认自己对这种后果应当承担的责任。所以在人力资源实践中，管理者不仅要保证自己的归因方式合理科学，也要对员工的归因偏差进行纠正，对员工进行积极的引导，使员工做出正确的归因。

第三章
质性研究与概念模型解析

本章主要包括三部分内容：第一，介绍质性研究的基本框架，包括研究工具、研究目的以及研究信效度分析；第二，阐述深度访谈与资料收集的过程，包括访谈对象确定、访谈内容确定以及访谈过程；第三，介绍扎根理论研究中的资料分析方法，主要以程序化扎根理论编码流程对深度访谈记录进行分析归纳，总结出本研究的理论框架模型，并进行理论模型的饱和度检验。

第一节

质性研究框架

一、研究工具的选择

定量研究方法是以大量的数据资料为基础，通过运用复杂的数学公式或模型，经过数学推理与演绎的过程，最终形成具有普适性的理论解释。定量研究方法的标准化与精确化程度比较高，能够较为精确地解释现象之间的因果关系，因此，随着定量研究方法的推广，各种统计数据及计算方法成为学术主流。然而，定量研究方法也存在一些不可避免的问题，一是可能忽视研究问题和理论贡献。定量研究方法强调数学模型建构和数据处理过程，造成对研究问题和理论贡献的关注不足。二是可能难以反映复杂的管理现象。定量研究方法忽视了研究问题的情景性，可能导致数学模型不能真实客观地反映复杂的管理现象，也不能真正地解决现实问题。因此，本研究将质性研究方法和定量研究方法相结合，以弥补单一定量研究的不足。同时，扎根理论研究在管理学研究领域得到学者们的广泛认可，本研究也将采用扎根理论研究方法进行质性研究。

本研究选择扎根理论研究方法作为研究工具的原因如下：第一，数智化时代员工参与的形式与传统的员工参与形式存在差异，有待于基于实践的考察与印证；第二，员工参与作用效果的实证研究比较丰富，但是研究结论尚存在争议，需要从企业管理实践和员工反馈两个角度收集证据；第三，员工对待各类员工项目的感知表现在哪些方面、员工感知的影响尚不明确。基于以上原因，扎根理论成为本书研究方法的必然选择。与此同时，为避免单一研究方法的不足，本书选择定性研究与定量研究相结合的方式，一方面通过定性研究方法深入描述与阐释社会现象，从而构建研究的概念模型，另一方面采用实证研究方法检验概念模型中各个变量之间的关系，两种研究方法相得益彰、互为补充，使整个研究更加科学、完整。

扎根理论研究作为一种探索性研究方法，其主要思想是直接从原始资料中进行经验概括，生成概念，形成理论。扎根理论方法因克服了在研究过程难以追溯和检验、研究结论缺乏说服力等一般质性研究方法存在的问题，被认为是最具有科学性的方法（Denzin 和 Lincoln，2011）。扎根理论研究共分为三大学派：经典扎根理论学派（Claser 和 Strauss，1967）、程序化扎根理论学派（Strauss 和 Corbin，1997）、建构型扎根理论学派（Charmaz，2006）。3 个学派在方法论原则、编码原则和程序等方面存在诸多不同。经典扎根理论学派强调客观，坚持问题从情境中涌现、不带有任何理论预设的研究原则，强调理论形成的客观性和科学性。程序化扎根理论强调主观，要求对研究现象有足够想象力的解释，认为一套在关系命题中相互联系的完善概念共同构成了一个完整的框架，可用来解释和预测客观现象。建构型扎根理论学派强调主客观融合，认为社会中不存在"客观真实"，社会习俗和规则都是人为的建构，注意研究者在理解和解释中的能动作用，研究是一种理论建构过程。具体如表 3-1 所示。

表 3-1　扎根理论研究学派比较

学派	认识论	编码程序
经典扎根理论学派	实证主义	开放性编码、选择性编码、理论性编码
程序化扎根理论学派	解释主义	开放性译码、主轴译码、选择性译码
建构型扎根理论学派	建构主义	初级编码、聚焦编码、轴心编码、理论编码

程序化扎根理论广泛应用于社会学、教育学等学科领域，很多管理学者将其运用到管理学研究中（李志刚，2007；张敬伟和马东俊，2009；仓平和王素芬，2008；韩炜，2008）。本研究选择程序化扎根理论，依照完整的程序形成本书的研究框架。

程序化扎根理论研究过程具体包括以下几步（见图 3-1）。

第一步，通过对现实的观察或者对文献的归纳与思考，界定现象或者产生研究问题。最初，研究者对现象或问题的认识是模糊的、粗糙的，通过与研究对象的互动，逐渐明确研究主题。

第二步，通过访谈法完成资料收集。资料收集的方法包括跟踪观察、深度访谈、体验与田野调查、文献研究等。研究者需要根据研究目的进行理论抽样，并且随着研究的推进确定下一步的抽样对象。

第三步，以开放性编码、主轴性编码和选择性编码的顺序进行资料分析。开放性编码是资料分析流程中的首要环节，编码时必须保持完全开放的态度。编码的流程包括分解、比较、概念化与范畴化 4 个步骤，具体方法是深入研读收集来的原始资料，对原始资料里反映出的现象进行比较分析，将典型的现象贴上概念标签，再对提炼出的概念进行聚类的范畴化处理。主轴性编码是发现和建立主要范畴间的联系的过程，在开放性编码的基础上厘清资料中各部分的关联。选择性编码是在发展出核心范畴之后，将它与其他范畴比较，以验证它们之间的关系，完善各个范畴及相互关系。

第四步，初步建立理论框架。在开放性编码、主轴性编码和选择性编码的基础之上，将提炼出的概念或范畴梳理形成逻辑链条，进而建立初步的理论框架。

第五步，检验所构建的理论框架的饱和度。研究者需要判断理论是否达到饱和，即收集到的资料是否对理论建构有新的贡献，如果达到饱和，则研究可以结束。否则研究者需要继续进行理论抽样、收集资料与编码，直至达到理论饱和。

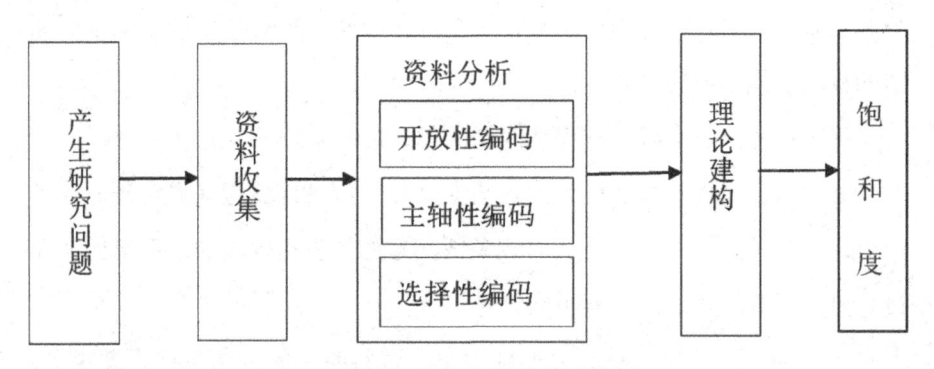

图 3-1　程序化扎根理论研究的过程

二、研究目的

本研究旨在探索数智化时代员工参与对适应性绩效的"双刃剑"影响机制。鉴于此，本书质性研究的目的是：在收集大量访谈资料的基础上，通过开放性编码、主轴性编码和选择性编码过程，抽取与员工参与和适应性绩效相关的核心变量，挖掘各核心变量之间的关系，搭建概念模型或分析框架，为后续实证研究提供实践基础与理论依据。

具体流程为：第一，根据访谈提纲，以"员工参与"和"适应性绩效"为核心对样本进行深度访谈,并将访谈记录进行整理形成文本资料以供后续分析;第二,通过开放性编码、主轴性编码和选择性编码对访谈资料进行分析,探讨员工参与的内涵及其对适应性绩效的影响;第三,根据访谈资料,通过三级编码流程解析主要变量之间的关系,形成理论研究模型。

三、研究的信效度

为了保障质性研究的信效度,本研究做了以下具体措施:首先,在收集数据的过程中,从多个来源收集数据资料以保证原始资料的真实程度,例如访谈过程中由多名研究者一起参与,从管理者、员工等不同实践者处获取资料信息;其次,在资料转化的过程中,对访谈资料进行整理与转化时,排除个人主观的影响,尽可能做到准确客观;最后,在内在信度上,注重个人经验的重要性和唯一性。

本研究主要采取以下措施以保证质性研究的信度:第一,在访谈之前,与每一位访谈对象进行充分沟通,强调本研究的保密性与学术性,以消除访谈对象的顾虑;第二,在访谈过程中,做好文字记录或者语音记录(在访谈者允许的情况下),确保访谈资料的真实性和客观性;第三,在编码过程中,由两名或两名以上的同学共同讨论完成,以确保编码过程的科学性。

/ 第二节 /

访谈过程与资料收集

本研究通过访谈法收集质性研究资料。具体工作流程如下：首先，根据研究主题，明确具体的访谈对象；其次，拟定访谈提纲，并确定访谈的具体事项，比如访谈形式、时间等；最后，对访谈资料进行文字转化，并进行初步整理，对于模糊与疏漏之处，进行再次访谈以保证资料的准确性。

一、访谈对象

本研究旨在通过扎根理论研究探讨数智化时代员工参与的特征、作用结果等核心构念及其关系，因此，选取访谈对象时需考虑以下几点：第一，访谈对象应具备的特征为处于数智化工作情境中，从事非流程化的工作内容，需要自我决策或者自我管理的员工和管理者；二是从属于不同行业、岗位及职级的员工和管理者，以保证样本的代表性。在2022年8—10月，本研究共完成对22位访谈对象的深度访谈。访谈对象分别是国企、合资企业、民营企业以及事业单位的高层管理者、人力资源管理者、一线经理或普通员工。访谈对象所在企业分布在北京、天津、石家庄、保定等地区，主要涉及金融、互联网、汽车制造、化工等多个行业。为保护访谈对象隐私，表3-2中只列出了访谈对象及其所在企业的基本信息。

表 3-2 访谈对象的基本信息

受访者职位	所在单位及性质
研究院职员	供电公司；国企
人力资源部主管	供电公司：国企
大堂经理	商业银行：国企
信息中心职员	商业银行：国企
人力资源部主管	商业银行：民企
信贷部职员	商业银行：民企
营运主管	科技公司：民企
技术部职员	科技公司：民企
人力资源部主管	制造企业：民企
信息中心职员	制造企业：民企
学院院长	高校：事业单位
专业教师	高校：事业单位
人力资源部主管	制造企业：国企
财务部职员	保险公司：国企
销售经理	制造企业：合资企业
一线销售职员	制造企业：合资企业
市场部经理	服务企业：民企
一线员工	服务企业：民企
行政部职员	医药公司：国企
建筑设计师	建筑设计院：国企
人力资源部主管	商超：私企
营运部职员	商超：私企

二、访谈内容及过程

本研究主要采取半结构化访谈的方法，在访谈过程中严格按照规范的程序。首先，拟定访谈提纲；其次，结合访谈对象的情况确定访谈的具体形式；最后，详细记录访谈信息（文字、语音或视频等），并转化为文本资料。每次访谈时长为30~60分钟。

访谈内容主要包括以下几个方面。

第一，受访者所在企业的行业、规模等基本信息。例如，公司的发展历程和概况、所在行业或地区的人员规模以及主营业务、在哪个部门工作、主要承担什么工作等。

第二，受访者所在企业员工参与项目的实施情况。例如，公司有哪些员工参与项目、公司是否存在传统的员工参与项目（比如职代会、职工委员会等）和创新型的员工参与项目（比如工作小组等）、数智化时代衍生了哪些新的形式等。

第三，受访者对于员工参与项目的感受。例如，对于公司实施这些员工参与项目的感受有哪些（包括积极和消极的），认为公司设计这些项目是出于哪些目的，这些项目设计有没有提升本人在组织中的适应能力（如果有，可以具体举例说明）等。

第三章 质性研究与概念模型解析

/ 第三节 /

扎根理论研究方法中的资料分析

本研究采用程序化扎根理论研究方法，通过开放性编码、主轴性编码、选择性编码与理论饱和度检验的程序，构建本研究的概念模型。

一、开放性编码

本研究的开放性编码围绕"数智化情境下员工参与如何影响适应性绩效"这一问题展开。第一，仔细研读20位受访者的访谈记录（从22位受访者中随机抽取20位受访者的访谈资料，剩余2位受访者资料作为后续的理论饱和度验证），逐句、逐段进行编码与归纳，经过不断的对比分析与交叉检验，共提取出39个概念；第二，将39个概念再次进行归纳和整合，共提炼出15个子范畴，并最终形成5个范畴；第三，将5个范畴逐一命名，并对其内涵与维度进行解释。

由于开放性编码需要对大量的访谈资料进行归纳与整合，因此将核心构念以分别列表的形式来展现其编码过程。员工参与、人力资源归因、工作要求、工作资源以及适应性绩效均为三级编码。受篇幅的限制，本书只

数智化时代：员工参与和适应性绩效

列出每个范畴的代表性访谈资料作为例证。

1. 员工参与的开放性编码

随着员工参与在劳动关系和人力资源管理领域的发展，员工参与的内涵开始不断地丰富起来。表3-3展现了员工参与的开放性编码过程。

表3-3 员工参与的开放性编码

原始访谈材料	一级编码	二级编码	三级编码
平常工作时我们的自由度还是挺高的，可以自己决定在工作过程中使用的方法、步骤等 我们每个项目都有一笔经费，这笔钱怎么花由团队来决定，团队自主决定工作方法和流程，但是项目必须在规定的时间内完成 我们的工作内容和工作流程都是提前设定好的，如果遇到特殊情况，需要请示领导再做决定 我们公司对员工的管控还是挺严格的，有明确的服务流程和标准，督导也会监督我们的工作，觉得每天都挺累的	自主决定如何完成工作	角色内发言权	员工参与
我们部门对于员工工作时间要求不严格，只要我能够在期限内完成自己的工作任务，就可以自由控制工作的节奏 我们公司有明确的工作时间，但是管控并不严格，比如天气不好来晚了也没事，接孩子放学早走一会也没有问题，但前提是工作一定要完成 我们的工作时间很有弹性，项目忙起来天天加班，如果没有什么工作，不来上班都可以 我们上班下班要打卡，迟到或者早退超过5分钟要扣钱，有事需要请假，先扣存假，存假不够的话是要扣工资的	掌控自己的工作时间		

续表

原始访谈材料	一级编码	二级编码	三级编码
我们公司有员工培养方案，会让员工参加一些培训课程比如新员工培训、沟通能力培训、团队工作培训等，但培训效果一般 我们公司培训安排挺好的，轮流安排员工外出培训，员工外出培训后再给内部员工进行培训，这样能够保障时时与外部连接 我们单位也会安排一些员工培训，员工普遍感觉效果很一般，应该是为了花掉培训经费 公司每年11月份开始就会安排大量的培训，有技术类培训，也有管理类培训，培训老师有公司内部的专家，也有外部高校的专家。效果不能说好，但是能够结识很多新朋友	员工培训	角色内发言权	员工参与
我们都是围绕项目组建团队来开展工作，这样交流起来比较方便，工作挺高效的，项目完成后大家都特别有成就感，关系比以前也亲密多了 我们每个项目组经常开会讨论问题，确实沟通交流的机会多了，但是压力也很大，一方面来自任务压力，不希望因为自己拖团队的后腿，另一方面来自关系压力，需要花精力维护同事之间的关系 我们没有实行团队管理，或者说没有实质性地实现团队管理，只是个虚名而已，大家还是各忙各的，没有实质性的交流与合作 我们也在搞项目式改革，公司没有征求我们的意见就把我们划分成不同的项目组，同事之间接触多了，矛盾也就多了	项目式团队	高参与的组织方式	

数智化时代：员工参与和适应性绩效

续表

原始访谈材料	一级编码	二级编码	三级编码
我们一般都是通过线上视频会议的方式对齐工作进度，各个地区的负责人都可以很方便地参会 我们人力资源部会把关系到员工切身利益的会议安排到线上，比如职称评定与评审、绩效工资的核算标准、岗位的竞聘等 现在开会一般都采用线上的形式，节省了不少时间。但是因为开会的时间没有限制，动不动在非工作时间开会，不利于工作生活的分开 我们保留着一周一次线下会议的习惯，除此以外，如有特殊情况，一般召开线上会议，公司的一些制度和文件通过某 App 传达到每一位职员	云听会	高参与的组织方式	员工参与
我们以小组制的方式对工作内容、工作进度、存在的问题等进行讨论和处理，大家可以在小组会上畅所欲言，经常会有创新性的观点和发现 我们公司运营部实行小组制，有些小组表现很突出，产出比较多，但是有些小组产出一般，小组成员其实都很优秀，只是没有办法很好地协调工作 我是小组的组长，公司指标定得很高，我们压力很大，但是我的小伙伴们都很能干，齐心协力，团队氛围很好 我们单位会分小组进行工作安排，目的是提高工作效率，但是小组成员怎么安排经常引发争议，小组成员之间关系比较微妙，很难在短时间之内配合好	小组制		

续表

原始访谈材料	一级编码	二级编码	三级编码
我们公司有专门的工会，每年固定两个时期收集员工的意见和建议，年末也会组织会议，工会代表员工与公司就工作条件等问题进行谈判和讨论，或多或少能够解决一些问题 我们公司管理层是不可以参加工会组织的，所以工会相对比较独立，工会能够真正地去为员工争取利益，公司也非常注重工会提出的意见 公司的管理人员兼任工会领导，所以工会没有真正地发挥工人代表的作用，更别说工资和工作条件谈判了，我觉得工会就是形同虚设 我们每月需要缴纳工会费，年底的时候工会会给职工发礼品，也会组织一些具体娱乐和体育项目，大家参与都挺积极的，在工资和工作条件方面，工会可能没有发挥作用	工会代表员工进行谈判	角色外发言权	员工参与
我们公司的员工可以在官网或者线上渠道表达自己的诉求和建议，公司也提倡我们多提一些有益于组织或者员工的建议。提建议后，会有人在一个周期内给出反馈，也有一些好的建议被采纳了 人力资源部每季度都会通过网络向全体员工征求意见，在某项人力资源制度试行期间，也会通过网络形式征求员工的意见，这样能够保证及时发现管理问题，及时解决，以免造成员工流失、争议冲突等不利问题 公司有专门的邮箱作为意见箱，但是我一次也没有用过，感觉好像提了意见也不会有实质性变化，干脆就不提了，公司对意见箱也不重视，大多数情况下意见没有反馈 我们单位经常通过某 App 推送单位的会议决议和重要决策，也会通过 App 收集员工的意见，但是大多情况下员工并不会打开具体文件，也不会提任何意见，所以其实没有达到上下级沟通的目的	网络协商民主		

数智化时代：员工参与和适应性绩效

续表

原始访谈材料	一级编码	二级编码	三级编码
我们公司有相应的优秀员工激励机制，特别优秀的员工可以获得一定的股权，也算是公司的小股东了，一般员工没有公司股权 公司正式员工都配发了公司的股票，前几年公司业绩挺好的，股票涨了不少，员工如果急需用钱（如买房子等）可以把股票卖掉一部分，能够解燃眉之急 我们单位没有员工股权，根据公司的效益，年底会发绩效奖金。但是这两年整体大环境不好，公司效益一般，去年每个人发了几千到一万多不等 我们公司员工没有股权，有绩效工资，绩效工资跟个人和团队的绩效挂钩，核算绩效是我们人力资源部一项重要又烦琐的工作，很容易引起争议	股权分享计划	经济参与	员工参与
我们公司会定期召开全体会议，向我们分享一些公司的财务信息，让我们能够更加了解公司的现状，这几年公司效益不好，让大家做好预期和准备 每年年初、年中和年末，我们都会在公司大会上分享财务状况，员工有权知晓公司运营状况，有权分享公司收益，也应该与公司共患难 在运营部，公司每个月都会推送各项目组的工作进度和财务信息，各项目组能够从推送中获取信息，进而及时调整项目运行情况 公司从来不会分享财务信息，我们也都是从业务部门了解到公司最近的经营状况，甚至有些消息是来源于外部媒体报道	分享财务信息		

续表

原始访谈材料	一级编码	二级编码	三级编码
我们的薪酬绩效制度比较合理，团队绩效也会影响到个人的薪资水平，并且员工也可以参与到薪酬制度的计划和制定中，给出自己的意见 我们公司的绩效薪酬在工资体系中所占比重较小，主要还是看职称和资历，所以员工对绩效薪酬的关注度不高，如果想要提高工资，必须要提高职称 我们人力资源最头疼的就是每年核算和发放绩效薪酬，我们公司实行的是填报审核制，有些员工没有填报，但是绩效薪酬发放后又来找我们补，引发不少矛盾和争议 我们年底有奖金，奖金一般分为3档，绩效优秀的员工拿的多些，只是如何评价优秀员工们很有争议，每年年底公司内部还是挺微妙的	公正的绩效薪酬制度	经济参与	员工参与

开放性编码的过程将员工参与的内涵和结构清晰地解构出来。访谈资料表明，与前文理论回顾相比，员工参与的内涵突破了劳动关系和人力资源管理单一视角的局限，其内涵和实践形式非常丰富。员工参与表现为角色内发言权、高参与组织方式、角色外发言权与经济参与4个维度。角色内发言权强调员工对自己的基本工作任务具有自由裁量权和灵活性。高参与组织方式注重员工与管理者以及其他员工之间的连接和合作。角色外发言权关注工作任务范畴以外的参与和正式的间接参与机制。经济参与强调通过持股、绩效薪酬等物质激励形式将员工与企业捆绑在一起。

2. 人力资源归因的开放性编码

不同员工都会对人力资源实践有不同的解释，而这种解释可能会影响到人力资源管理活动实施的效果。表3-4展现了人力资源归因的开放性编码过程。

表 3-4 人力资源归因的开放性编码

原始访谈材料	一级编码	二级编码	三级编码
公司设计这些项目是帮助我们提高自己的工作效率,让我们能够更好地完成相应的服务,产出更高质量的产品 公司现在实行的是项目式团队制,业绩压力比以前大很多,但是确实工作的积极性提升了,为了争取拿到更高的业绩,我们团队都挺拼的 小组制改革以后,我的工作范围和工作内容比之前丰富了许多,除技术性工作以外,还需要协调各个部门的资源,我感觉自身的能力得到了很大提高 我觉得工会组织的活动都挺好的,比如前几天工会搞了一个拔河比赛,也没有占用非工作时间,我感觉经常参与这些活动,有助于改善同事关系,增强团队凝聚力 我们领导在大会上多次强调,要让员工有参与感,所以公司很多重要决策都会通过 App 推送给每位员工,这样有助于员工在更高层次上理解公司的决策	帮助员工提升产品和服务质量	承诺型人力资源归因	人力资源归因
公司做这么多都是为了我们吧,我感觉自己在工作中的各个方面体验度都更好了,感觉比以前幸福很多 现在公司发展挺难的,今年国际订单砍掉不少,但是公司坚持不裁员,鼓励大家做好职业规划,利用空闲时间多学习 项目制改革以后,我们工作压力很大,但是一些无效的加班和会议都取消了,工作效率高了,虽然有时候感觉很累,但是觉得都值得,心理上很充实 公司有非常完善的建议制度,有专门的意见邮箱,根据公司规定相关部门必须在 14 日之内给予反馈,公司每年还会针对特别有效的建议给予奖励	提升员工幸福感		

续表

原始访谈材料	一级编码	二级编码	三级编码
无利不起早，公司肯定是为了降低自己的生产成本，这些项目是其中的手段，公司不就是为了盈利生存的嘛 我们公司经常会搞一些改革，想办法给员工压力，我们的工资也是降了再降 现在公司真是想尽一切办法削减我们的工资，绩效制度改革以后，我身边很多同事的工资都降了，只有少数人的工资涨了 经营环境不好，公司想要把风险转嫁给员工，说是工资跟着业绩走，但是业绩是短时间内能提高的吗？无非是找个理由降工资罢了，我们能有什么办法	降低成本	控制型人力资源归因	人力资源归因
我感觉公司搞这些项目没有别的，就是为了压榨我们，变着花样让我们多工作一会 我们现在工作强度非常大，每天都在加班，一个人做两个人的活儿，工资却没有什么变化，有几个同事离职了 我们除了做本职工作以外，还被安排了会议和会务工作、资料整理等行政事务性工作，每天都在做这种对个人职业发展无益的工作，很无奈 我们公司是两家公司合并而来的，员工自然划分成两派，领导也是另外一家公司过来的，有自己的团队，我们这些边缘人物每天很忙，在公司没有什么发展前景	让员工最大限度地工作		

开放性编码的过程将人力资源归因的内涵和结构清晰地解构出来。人力资源归因是员工对组织进行人力资源管理实践的管理动机判断。访谈资料表明，员工会对人力资源管理实践进行积极或消极的解释与归因，积极的归因表达为人力资源实践设计的目的是帮助员工提高产品或者服务的质量，提升员工的幸福感。消极的归因表达为人力资源实践设计的目的是剥削、压榨员工和最大化地降低成本。

3. 工作要求和工作资源的开放性编码

各种类型的工作环境和工作特征都可被划归为以下两大类：工作要求和工作资源。表 3-5、表 3-6 分别展现了工作要求和工作资源的开放性编码过程。

表 3-5　工作要求的开放性编码

原始访谈材料	一级编码	二级编码	三级编码
我感觉在这些员工参与项目实施之后，我的工作量增加了，我需要付出更多的精力和努力来完成工作 很多参与项目实施以后，我们不仅需要完成本职工作，还要花时间和精力完成其他项目，每天忙得团团转，不利于专业技能的精进 之前做好本职工作就行了，现在还要参与单位的其他工作，很多工作需要占用非工作时间，比之前累很多 现在每天下班后，还要惦记工作上的事情，周末也休息不好，压力很大	工作超负荷	心理工作要求	工作要求
我明显感觉同事之间的监管多了，同事之间的关系没有那么和谐了，工作时的压力变大 我现在最大的苦恼就是同事关系不好处，工作积极他们说你野心太大，工作不积极他们说你拖后腿 之前工作只需要考虑自己的就可以了，现在还要考虑同事的想法，有的时候想早走一会，看同事们都没有下班，也只能默默地加班 以前担心被领导看到自己上班偷懒，现在还要担心被同事发现，每天都要谨小慎微的，同事不下班自己也不好意思早走	同事监管增加		

续表

原始访谈材料	一级编码	二级编码	三级编码
我有时候觉得自己的体力和精力不太够用了，工作占据的时间更多了，比较容易在工作中产生倦怠和一些消极的情绪 每天提不起精神来，一堆工作等着处理，没有什么成就感，也没有发展前景，很沮丧 我们现在需要协调多个部门的工作，担心因考虑不周带来麻烦，经常感觉身心疲惫 跟领导关系处理得不好，同事关系也一般，做了很多工作，没有收到什么反馈，不知道未来会怎样，如果再这样下去可能要跳槽了	情绪耗竭	心理工作要求	工作要求
有了小组会之后，我感觉自己的工作时间被拉长了，尤其是每次下班前开会，很多时候都会加班来过一下开会内容 最烦领导和同事在下班后给我发信息了，没有时间陪孩子和家人 很多工作需要非工作时间来完成，工作生活很难平衡，下班后很难放松 虽然没有明确的上下班时间，但是工作时间一点也不短，周末和节假日加班很正常	工作时长增加	体能工作要求	
虽然这些项目体验挺好的，但是确实也在客观上增加了我们工作的时间，现在在每天感觉上班都挺累的 每天都需要处理大量的工作，除了心理压力增加以外，身体上也吃不消 有两个同事得了很严重的疾病，可能跟前一段做项目经常熬夜加班有关，很多同事放弃了参与项目，不想因为工作失去健康 工作强度太大了，需要长时间专注做工作，所以现在腰椎和颈椎都出了问题	长时间保持坐姿（或某种姿势）		

开放性编码的过程将工作要求的内涵和结构清晰地解构出来。访谈资

料表明，工作要求表现为心理工作要求和体能工作要求，工作超负荷、同事监管增加和情绪耗竭等是心理工作要求的体现；工作时长增加、长时间保持坐姿等是身体工作要求的体现。

表 3-6 工作资源的开放性编码

原始访谈材料	一级编码	二级编码	三级编码
现在工作时，我们比较有自主决策权，很多事情可以自己决定，不必再去层层请示 我们项目组灵活度挺高的，遇到问题大家商量着来，也会有矛盾，但是大家都是为了更好地完成项目，没有私心 我们就是一个螺丝钉，单位需要我们做什么我们就做什么，不能有自己的想法 我们公司有非常明确的工作制度，包括工作时间、工作方法和工作流程，没有决策自主权	决策自主	工作自主度	工作资源
我们分成小组和团队进行工作后，每个人的工作内容是比较多样化的，我明显能够感觉到自己的能力在工作中得到了锻炼和发展 我的工作内容还是挺丰富的，有专业性质的工作内容，也有管理性质的工作内容，我很享受现在的工作 工作内容比之前多了不少，很锻炼人，我现在完全可以负责一个项目 我们的工作内容是固定的，有明确的分工，我不能做同事的工作，同事也不能做我的工作，其实工作挺单调的	工作内容多样		
我们组长的业务能力是非常合格的，讨论工作时他能够一下找到痛点和问题，是个优秀的组织者 我们领导确实很能干，他自己本身的业绩就很突出，思维比较开阔，能跟上时代的发展，我们很佩服他 我的主管能力很一般，业绩也不突出，但他是公司的老人，喜欢倚老卖老，很虚伪，我们都不喜欢他 我们公司有的团队比较突出，据说他们团队的领导非常有能力，有很多外部资源	上级有能力	上司支持	

第三章 质性研究与概念模型解析

续表

原始访谈材料	一级编码	二级编码	三级编码
不管在工作还是生活方面，我们组长都挺关心同事的，经常会和我们聊聊天、吃吃饭 我们的领导跟下属打成一片，我们在团队里可以畅所欲言，有什么困难和意见可以随时提，领导和同事都不记仇 公司成立了职工发展中心，工作中遇到什么问题或困难，职工发展中心都会给与帮助。 我们主管只关心任务有没有完成，能不能完成，对下属漠不关心，总是板着脸。	上级关心	上司支持	工作资源
在工作上遇到问题时，组长比较愿意教我们，也会主动给我们一些帮助 因为我的工作失误，上次有个项目遇到困难，主管没有责备我，还一起加班帮我解决问题 我们主管是一个很负责的领导，员工遇到任何困难，他总是能够提供帮助 我们领导很严厉，不是批评这个同事，就是批评那个同事，没有担当	上级帮助		
我们小组同事非常优秀，大家都在自己擅长的领域有所成就，我们整个团队也是很互补的 团队的同事很给力，遇到困难总能提出很好的解决方案，一起工作经常会有一拍即合的瞬间，团队氛围很好 有几个同事能力一般，自私自利，经常拖团队的后腿，我们都不愿意跟他们一组 团队新加入两个同事，都是名牌大学毕业的，专业能力很强，又踏实肯干，整个团队因为他们两人的加入而朝气蓬勃	同事有能力	同事支持	
在一个小组里面，我们关系都比较好，平常有什么问题也会互相聊一聊，同事也一直主动关心我生活和工作上的问题，大家都是互帮互助的 很幸运，我们这组同事都很友好，相处起来非常和谐，虽然业绩不是最好的，但是我们每个人都很开心 我们团队有个同事嫉妒心非常强，很少跟同事分享有用的信息，担心别人超过他 我们团队同事能力都很强，也都很有个性，表面上还挺和谐，其实内心都互相不服气	同事友好		

数智化时代：员工参与和适应性绩效

开放性编码的过程将工作资源的内涵和结构清晰地解构出来。访谈资料表明，工作资源表现为工作自主性、上司支持和同事支持，决策自主、工作内容多样是工作自主性的体现，上级有能力、上级关心、上级帮助是上司支持的体现，同事有能力、同事友好是同事支持的体现。

4. 适应性绩效的开放性编码

在动态化和不稳定的外部环境下，适应性绩效比任务绩效显得更加重要。表3-7展现了适应性绩效的开放性编码过程。

表3-7 适应性绩效的开放性编码

原始访谈材料	一级编码	二级编码	三级编码
这些项目让我更好地了解到了公司的状况和发展，让我能更加适应公司的文化和习惯，更愿意去感受公司的氛围和价值观 通过这一段时间的团队工作，我更加深入地了解了公司文化，特别是一些隐性的文化，我逐渐有了安全感 通过网络会议、信息推送等，我对公司的制度、文化有了进一步的了解，对公司和团队的融入感更强了 之前我参与过几个项目，感觉挺累的，领导官僚又无能，同事之间相互猜忌，觉得背离了自己工作的初衷，现在有了跳槽的想法	适应文化	文化与人际促进	适应性绩效
我更能理解组织的氛围，并能调整自己的一些行为，更好地融入大集体中 经常需要协调各个部门的资源，所以现在跟各个部门都很熟络，感觉办事轻松了 感觉组织氛围不太好，我还是适应不了，整个团队没有朝气，官僚气息太浓了，大多数同事都是"躺平"的状态 公司有"小团体""小组织"，感觉到自己被排挤，融入不进去，也不想融入	适应组织氛围		

续表

原始访谈材料	一级编码	二级编码	三级编码
通过这些项目的实施，大家都想一起进步，整体的氛围都很和谐，工作起来也挺愉快的 通过一段时间的合作，发现了同事的闪光点，大家优势互补，效率提高了很多 跟大多数同事相处很好，能够一起探讨工作中的问题，但是也有个别同事很不好相处，那也无所谓了 因为同事之间涉及晋升、职称等方面的竞争，所以各自都有自己的想法，同事关系表面和谐，但是内心都不团结	同事相处和谐	文化与人际促进	
在现在公司提供资源的情况下，我学习新知识和新技术的速度还是挺快的，能够在比较短的时间内掌握 为了能够顺利地完成项目，我们都会主动学习新的知识和技术，而且边做边学，自身能力得到很大的提升 公司改革以后，很多工作需要重新熟悉，这段时间工作比较累，但是确实学习到了很多东西 这几年，信息化技术在工作中广泛应用，很多东西之前都没见过，现在必须要快速学会才行，还是挺有成就感的	学习速度快	岗位持续学习	适应性绩效
我比较有兴趣学习和工作相关的一些新技术和新方法，会进行一些必要的学习让自己的知识储备跟上时代的发展 团队每一个人都要独当一面，要从事和之前不一样的工作，每天都会主动找一些网络资源来学习，也会主动地向年轻的同事请教问题 实行小组制以后，我们需要单独处理很多工作，也激发了自己学习的动力 信息共享使得我们随时能够了解到同事的业绩，为了避免被落下，主动学习的积极性高了，也会主动跟优秀的同事交流经验	主动学习		

续表

原始访谈材料	一级编码	二级编码	三级编码
相关的培训也有了，我也能够比较快地适应和使用新学习的技术和方法，能够在工作区进行锻炼 我们部门新应用了一套系统，我们需要一段时间熟悉，因为我们参与了之前系统的采购，所以熟悉起来非常快 这两年公司进行数字化转型，我们工作中需要使用一些数字化工具，大家解锁了很多新技能 核心的工作内容没有变，但是很多工具和手段更先进了，公司专门安排了培训，也提供了很多线上的培训资源，工作效率提高了	可以很好地应用新技术	岗位持续学习	适应性绩效
因为知道有相应的帮扶和支持，现在面对一些突发的压力和状况我能够不慌张，让自己保持冷静，能控制好自己的情绪，不会失控 压力比之前大，但是确实很锻炼人，一个项目下来我们团队脱层皮，但是能拿到不菲的奖金，成就感还是很高的 自从实行团队化管理以后，我自己增长了见识，遇到困难也能够从容应对 通过几个项目的历练，遇到问题也没有之前那么焦虑了，总会找到办法解决	面对紧急问题能控制情绪	压力和应急处理	
现在面对紧急问题，我的思维通常都是比较清晰的，而且主次分明，能够按照相应的步骤和措施去一一解决 可能跟我们的工作性质有关，经常会面临一些紧急突发状况，我们团队一般都能处理好，也有解决不了的，需要上级部门协调 小组制很锻炼人，我们小组现在每个人都是精英，都能独当一面，特别是面对紧急情况的时候 无论之前考虑得多么周全，总会出现一些特殊情况，伙伴们都身经百战，共同讨论解决方案，通常都能高效解决	紧急问题处理地客观高效		

续表

原始访谈材料	一级编码	二级编码	三级编码
现在我面对紧急问题还是有进步的,通常可以提出多个备选方案以供参考和选择 通过参与项目和组织信息分享,处理工作问题的时候更具战略思维,能够从更高层面提出解决方案 我们单位经常通过App推送公司的重要决议、财务信息等,这些信息有助于我们调整思路,解决工作中的问题 有压力就有动力,为了能够做出更好的业绩,伙伴们会集思广益	提出多种备选方案	压力和应急处理	适应性绩效
现在小组讨论,我有时能够想出一些别人没有想到的思路,能找到别人没有发现的问题解决方法 参与项目确实很锻炼人,从干中学,不知不觉掌握了很多技能,我们经常会在工作中产生一些新的想法和思路 我们单位工会每周都会组织一些活动,对于舒缓工作压力、改善人际关系又很有帮助,同事之间的聊天可能触发我们的思路 遇到问题时,我们经常一起讨论,有的时候是线上有的时候线下,讨论以后总能找到比较好的方案	创新方法	创新解决问题	
面对一些问题,我能从表面没什么关系的信息中想到一些新的方法,而且有时也会用逆向思考的思维方法想一想解决办法 公司参与项目的实施,使得同事之间的交流多了,大家学会了反向思考、换位思考等,提高了解决问题的效率 我们单位经常会开展一些心理、沟通以及创新等方面的培训,有些培训效果挺好,能够打破我们的思维惯性 无论是主动还是被动,参与项目都能开拓思维,让我们从不同角度或者不同方向寻找解决问题的方案	能采取逆向思维解决问题		

数智化时代：员工参与和适应性绩效

适应性绩效强调员工对于环境变化的反应性和预测性。访谈资料表明，适应性绩效是一个多维度构念，适应组织文化、适应文化氛围以及与同事和谐相处是文化与人际促进的体现；学习速度快、主动学习及很好地应用新技术是岗位持续学习的体现；控制情绪、客观高效等是压力和应急处理的体现；创新方法、逆向思维等是创新解决问题的体现。

综上所述，通过开放性编码的过程，本研究提炼了员工参与、人力资源归因、工作要求、工作资源、适应性绩效的范畴和概念，如表3-8所示。

表3-8 开放性编码的范畴和概念

编号	范畴	概念
1	员工参与	员工获得信息，参与生产以及企业有关问题的决策，参与利润分享计划或绩效工资、工作设计或者工作重塑等的制度设计或组织方式
2	人力资源归因	员工对于他们所参与到的人力资源实践的因果解释
3	工作要求	工作中所涉及的生理、心理、社会或组织方面的要求
4	工作资源	工作中所涉及的生理、心理、社会或组织方面的资源
5	适应性绩效	在不断变化且充满不确定性的环境中，个体有效应对非预期的工作要求和工作环境的行为

二、主轴性编码

主轴性编码是在开放性编码的基础上，对范畴进行重新排序与组合，将各种范畴联系在一起的过程。典范模型（Strauss 和 Corbin，1990）是主轴性编码的重要工具，按照"因果条件—核心现象—情境—中介条件—行动/互动—结果"的逻辑链条将不同范畴联结起来（陈向明，2015）。

1. 因果条件

因果条件是指导致现象发生或发展的条件，解释了"为什么会发生某个现象/事件"的问题。根据开放性编码的结果可以发现，员工参与、工作要求和工作资源是适应性绩效的重要影响因素，即员工参与、工作要求和工作资源是适应性绩效的因果条件。

2. 核心现象

核心现象是指会引起一系列行动/互动发生的关键事件或观点，回答了"是谁"的问题。基于访谈资料分析的结果，本研究提炼的核心现象为：组织能够通过实施员工参与措施对员工工作内容中的工作要求和工作资源产生影响作用，促使员工改变其适应性行为和绩效。

3. 情境

情境是指现象发生的背景或环境等，解释了"在哪里"的问题。根据访谈资料可以发现，个体会对人力资源管理实践进行积极或消极的解释与归因，人力资源归因是员工对于员工参与感知的重要影响条件。

4. 中介条件

中介条件是关于一个现象的结构性脉络，亦是桥接整个事件的核心环节，解释了"为什么会产生某些互动和结果"的问题。基于访谈资料分析的结果，在组织开展研究员工参与对适应性绩效产生影响的过程中，工作要求和工作资源是不可或缺的中介因素。

5. 行动/互动

行动/互动是指研究对象对主题、事件的常规性或策略性反应，也包括主题或事件中关键因素之间的互动、协同等，即回答了"怎么样"的问题。前文识别出工作要求、工作资源可作为重要的中介条件。工作要求表现为工作所涉及的生理、心理等方面的压力和要求，会对组织及员工产生损失螺旋效应，带来消极后果。工作资源是工作所涉及的生理、心理、组织等方面的资源，会对组织及员工产生增益螺旋效应，带来积极后果。

6. 结果

结果即行动/互动的后果。本研究的结果是指员工在变化的环境中对于工作环境和工作要求的适应，以及在新的工作内容中表现出的迁移行为和能力。

综上所述，组织开展的员工参与可能会对员工的适应性绩效产生影响，工作要求和工作资源是其中的中介条件，人力资源归因是重要的调节因素。最终，基于主轴性编码形成的关系识别如表3-9所示。

表3-9 基于主轴编码的关系识别

编号	概念间关系	关系类别
1	员工参与对适应性绩效的影响	影响因素
2	工作要求对适应性绩效的影响	
3	工作资源对适应性绩效的影响	
4	控制型人力资源归因在员工参与–工作要求关系间的调节	调节因素
5	承诺型人力资源归因在员工参与–工作资源关系间的调节	

三、选择性编码

选择性编码是在开放性编码与主轴性编码的基础之上，进一步提炼归纳范畴之间的联系，并形成模型的过程。

依据对深度访谈资料进行的编码过程，本研究初步识别出员工参与的影响结果以及人力资源归因的调节效应，具体为：第一，员工参与是工作要求、工作资源、适应性绩效的前因变量；第二，工作要求、工作资源会对员工适应性绩效产生影响；第三，人力资源归因对员工参与效能的发挥具有一定的影响作用，人力资源归因是员工参与与工作要求、工作资源关系中的情境因素。

基于质性研究过程，本研究提出了员工参与影响结果的构念模型，如图3-2所示，并据此在后续章节提出并设计实证框架，开展相应的实证检验。

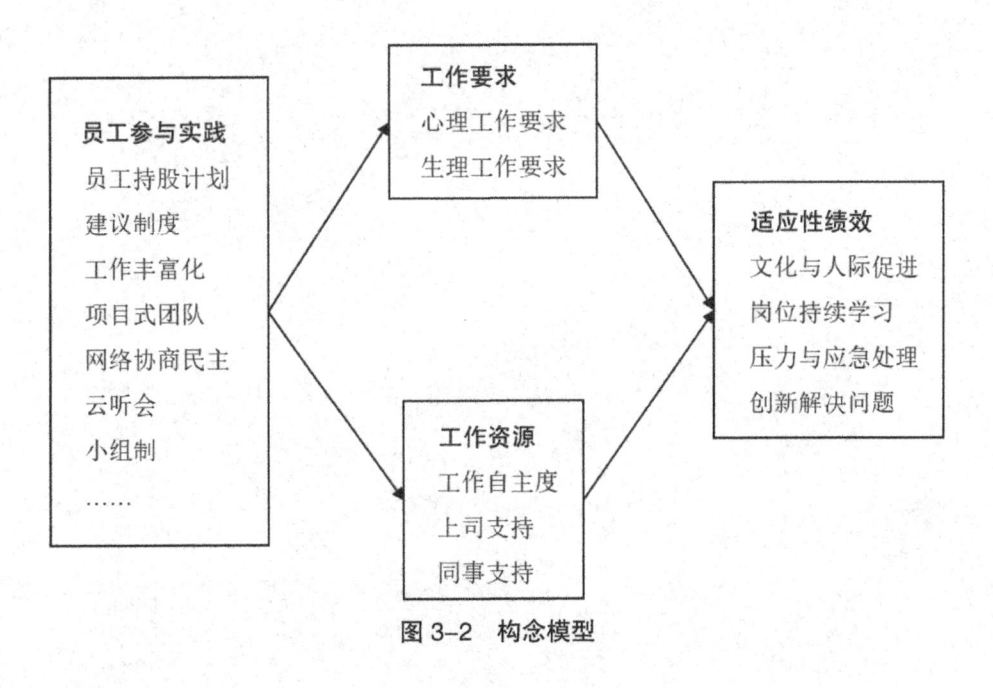

图 3-2 构念模型

四、模型饱和度

本研究从 22 份访谈文字记录中随机抽取了 20 份用于编码处理,剩余 2 份用于检验模型的饱和度。通过对这 2 份访谈记录资料的编码分析,并未产生新的概念和范畴,范畴间也未出现新的连接关系,这表明本研究通过扎根理论归纳的核心概念和范畴已达到理论饱和。

第四章
实证研究框架与研究假设

在上一章扎根理论研究的基础上,本章基于相关理论,提出实证研究框架和研究假设。具体包括:首先,根据理论基础与质性研究结论,归纳出实证分析框架,作为后续量化研究的依据;其次,阐述员工参与对员工适应性绩效的影响;再次,探讨员工参与对工作要求和工作资源的影响,以及工作要求和工作资源对员工适应性绩效的影响,据此提出工作要求和工作资源的中介作用;最后,阐释人力资源归因的调节作用。

第一节

实证研究框架

根据扎根理论研究提炼出的构念模型，结合文献综述的相关内容，本研究提出包括4个部分的核心构念：前因变量为员工参与，包括角色内发言权、高参与组织方式、角色外发言权以及经济参与；中介变量为员工感知到的工作要求和工作资源；结果变量为员工适应性绩效；调节变量为人力资源归因，包括承诺型人力资源归因和控制型人力资源归因。4个构念间的逻辑关系如图4-1所示。

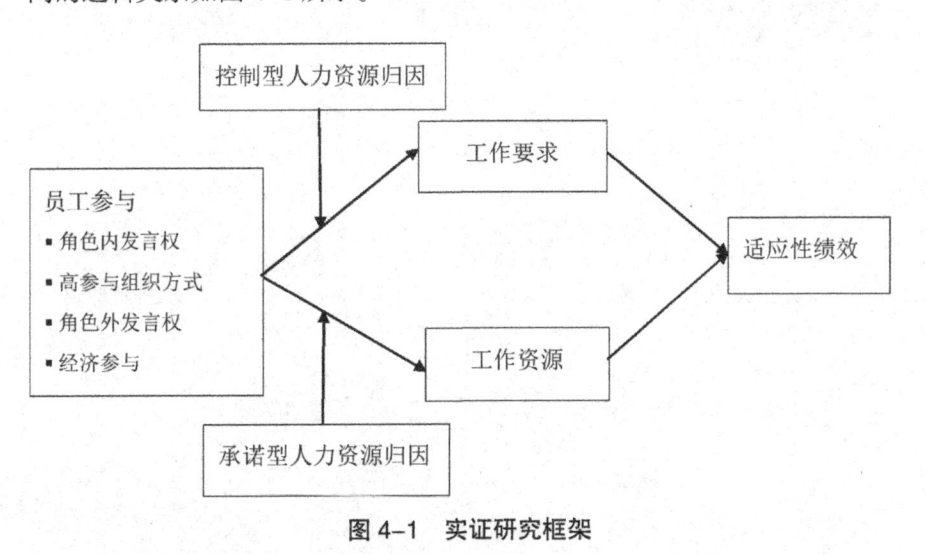

图4-1 实证研究框架

依据图 4-1，本书的实证分析逻辑为：员工参与—工作要求 / 工作资源—适应性绩效。具体包括以下几个方面。

一是阐述员工参与对适应性绩效的影响。

二是阐述员工参与对工作要求 / 工作资源的影响，以及工作要求 / 工作资源对适应性绩效的影响，并提出工作要求 / 工作资源的中介作用。理论依据为 JD-R 模型。提出工作要求 / 工作资源会引发两个非常不同的心理过程——疲劳过程和激励过程，员工参与通过工作要求的疲劳作用对适应性绩效产生消极影响，通过工作资源的激励作用对适应性绩效产生积极影响。

三是探讨控制型 / 承诺型人力资源归因对员工参与与工作要求 / 工作资源之间关系的调节作用。理论依据为归因理论。控制型人力资源归因情境下，会扩大工作压力和工作负荷感受，进而加剧工作要求的消极影响；承诺型人力资源归因情境下，会扩大受重视或被尊重的感受，进而加强工作资源的积极影响。本研究后续实证以此展开，提出了相应的研究假设并为实证检验奠定基础。

/ 第二节 /
研究假设

一、员工参与对适应性绩效的影响

一方面，员工参与被员工看作一系列具有发展性的实践活动，有助于提升员工的知识能力水平和技能熟练程度，增加员工工作中的生理和心理资源（Jiang 等，2012）。有研究表明，参与组织的决策和管理可以增强员工的心理安全感，提高员工的工作积极性和组织满意度，促使员工主动且及时地调整自己的行为以适应变化的组织环境和工作要求，提高员工的适应性绩效水平（Wong、Chow、Lau 和 Gong，2018）。鼓励员工参与到组织决策和管理中的实践方式，更能营造自主的工作氛围，为员工适应性绩效的提升提供了有利条件（Song、Gu 和 Cooke，2020）。员工参与也有助于员工加强内部人身份感知和组织承诺，引导员工为组织做出创新贡献，有助于员工创新性地解决问题，加快对多变工作内容的处理（Carmeli 和 Schaubroeck，2007）。

另一方面，员工参与会直接导致员工的工作内容增多、工作负荷增加，给员工带来较大的绩效压力，被员工看作一系列具有剥削性的实践活动。当员工对组织的信任度降低时，员工对组织目标的认同感就可能降低,对工作的积极性和投入度就可能降低,员工的适应性绩效可能会减少(Lepak 等,2012)。Kroon 等(2009)认为员工参与的各项活动要求员工付出更多的精力和努力,承担更多的工作任务,这会导致员工工作负担的加重和精神压力的产生,在融入和适应组织环境及工作要求上出现困难或排斥现象。员工参与所引发的额外的工作要求,会导致员工的角色超载,使员工很难有效地完成领导分配的任务,降低员工处理问题的效率和对多变工作要求的适应性(Jensen 等,2013)。

因此,本研究认为员工参与对适应性绩效有显著的"双刃剑"影响。鉴于员工参与与适应性绩效之间存在正负兼有的影响关系,因此在此不做单向影响的研究假设。

二、工作要求和工作资源的中介作用

工作要求–资源模型存在两种不同的心理路径:一个是疲劳过程,另一个是激励过程。较高的工作要求会给个体带来压力等不良影响,使个体陷入负面情绪难以解脱,危害到个体的身体和心理状态,最终会导致个体在工作中的消极行为。工作资源具有激励潜力,可以激发个体的工作动机,保证个体较高的工作投入,化解个体的消极情绪,促使个体保持良好状态,取得高工作绩效(Bakker,2011)。

一方面,员工参与给予员工更多参与决策、信息分享、自主工作的机会和权力(Wood 和 Menezes,2011;Wood 等,2012),给员工提供了更加丰富的工作资源。这时,员工参与对员工而言是一种激励源,会引发工作资源的激励作用。

员工参与为员工提供了外部和内部的激励,比如通用及专用知识和技

第四章 实证研究框架与研究假设

能的培训、团队合作、工作自主权、灵活的薪酬等，向员工传递了工作资源的信号。工作资源可以减弱工作压力的影响，缓解员工的倦怠心理，消除焦虑，防止情绪耗竭的发生，使员工保持良好的情绪状态。这种资源提高了员工对不确定环境的掌控感，减少了员工面对变革问题的抵触感和迷茫感，有助于员工打破原有的思维惯性，保持对组织变革和创新的主动性，增加员工面对组织变革的适应性（Hmieleski 等，2012）。工作自主性和弹性可以给员工更大的发挥空间，有效降低员工的工作压力，促使员工进行更多的自主学习、开展创新行为，从而提高员工的适应性绩效水平。上司和同事的支持可以缓解员工的消极情绪，帮助他们更快地融入集体之中，提高他们的工作热情，加强工作动机。充足的工作资源还可以提升员工对工作和组织的满意度，使他们更能感受到自身的价值和组织的激励，激发他们的额外努力（Liu 等，2016），使他们变得富有创造力（Luksyte 和 Spitzmueller，2016），有助于员工适应性绩效的提高以及理想工作效果的实现。

另一方面，员工参与通过调整工作关系、增加工作负荷、增加同事监管等举措来提高员工的绩效，对员工提出了更高的工作要求。这时，员工参与对员工而言是一种压力源，会引发工作要求的疲劳作用。

尽管绝大多数研究者都认为员工参与是组织和员工的积极推动力，但仍有学者提出关注于绩效的员工参与会增加员工被剥削的风险（Godars，2001；Legge，1995）。有研究发现，在员工参与水平较高的组织中工作的员工会感受到更多的工作压力（Godars，2001）。组织实施员工参与措施最根本的目的是取得更好的收益以及获得更高的地位（Greenwood，2002），因此，员工参与也可以被看成组织控制员工以提高组织绩效的一种管理工具，员工需要付出额外的努力来回报这种资源投资。员工参与的积极效果达成是以员工的工作强度为代价的，因为员工参与所强调的最大限度地发挥每位员工的潜力意味着组织对员工提出了更高的工作要求（Godars，2001），员工需要付出持续的努力来发挥这种潜力。较高的工作要求需要员工在工作中付出更多的时间和精力（Casper 和 Sonnentag，2020），会引起员工不良的心理反应过程，不断地消耗员工的体力和精力，使员工处于较高的工作负荷、身体和情绪压力之下，进而导致员工产生倦怠、失望等负面情绪（Demerouti 等，2001），出现情绪耗竭的情况（马富萍等，2020），增加离职倾向。这不利于员工与组织之间建立相互信任的积极关系，会降低员工面对突发事件及不确定事件的适应性，影响到员工的适应性绩效水平。繁复的工作要求会阻碍员工的发展和追求，降低他们的工作动机和创新性（Moynihan 和 Pandey，2007）。持续的高要求会打击员工的工作主动性和积极性，使员工力不从心，对工作产生不满情绪。在这种消极情绪的作用下，员工可能会逃避对组织变革结果的责任，减少在变革情境下的工作投入，最终导致适应性绩效水平的降低。

基于以上推理，本书提出如下研究假设。

H1：员工参与通过正向影响工作资源，进而促进其适应性绩效的产生。

H2：员工参与通过正向影响工作要求，进而阻碍其适应性绩效的产生。

三、人力资源归因的调节作用

人力资源归因是员工对组织实施的一系列人力资源实践如培训、薪酬、福利、员工参与等的管理动机的判断和解释，是员工对于管理环境的一种认知。大量研究显示，员工对组织人力资源实践的归因对其工作态度和行为有重要影响，人力资源归因是理解组织人力资源实践与组织绩效之间作用机制的关键变量（Liao 等，2009；Kehoe 和 Wright，2013）。

第四章 实证研究框架与研究假设

倾向承诺型人力资源归因的员工可以从组织的员工参与中感受到组织对自己的投入、重视、尊重和认同，这种感知本身就是一种积极的工作资源，有助于提升员工的工作投入和组织承诺，更高效地完成自己的工作。对员工参与做出的承诺型人力资源归因会激发其工作意义感，从而强化其工作资源的获得感，使员工能够在工作中投入更多的资源和精力，最终实现高绩效（Gorgievski 和 Hobfoll，2008）。

倾向控制型人力资源归因的员工对组织管理动机持不信任的态度，认为组织实施员工参与措施是为了对员工的工作进行控制，从而最大化地压榨员工的价值，实现最大化的产出。在这种归因方式下，员工认为员工参与是组织节约成本的管理工具，认为组织实施员工参与措施是以牺牲员工更多的个人利益为代价获得发展，会带来负面影响（Bakker 等，2004）。这种负面认知会消耗员工的个体资源，员工需要投入更多的资源才能维持相应的绩效水平，个体持续处于紧张的状态之中，容易导致情绪耗竭。对员工参与做出控制型人力资源归因的员工会认为自己处在较高的绩效要求之中，此时他们会觉得组织的关怀资源较少，工作要求较高，进而产生工作压力、工作负荷和资源耗竭感（Van 等，2015；Alfes 等，2021）。

基于以上推理，本书提出如下研究假设。

H3a：承诺型人力资源归因在员工参与和工作资源之间起正向调节作用，当承诺型人力资源归因程度较高时，员工参与对工作资源的正向关系被加强。

H3b：承诺型人力资源归因在员工参与通过工作资源对员工适应性绩效的间接影响中起调节作用，当承诺型人力资源归因程度较高时，员工参与通过工作资源对员工适应性绩效的正向关系被加强。

H4a：控制型人力资源归因在员工参与和工作要求之间起正向调节作用，当控制型人力资源归因程度较高时，员工参与对工作要求的正向关系被加强。

H4b：控制型人力资源归因在员工参与通过工作要求对员工适应性绩效的间接影响中起调节作用，当控制型人力资源归因程度较高时，员工参与通过工作要求对员工适应性绩效的负向关系被加强。

四、实证模型和研究假设汇总

根据文献回顾和质性研究结果，本书构建了员工参与对适应性绩效作用机制的假设模型，如图4-2所示。其中，员工参与对适应性绩效有"双刃剑"影响，工作要求在员工参与对适应性绩效的负向影响中起中介作用，工作资源在员工参与对适应性绩效的正向影响中起中介作用。人力资源归因可以调节工作要求和工作资源的中介作用，即控制型人力资源归因会加强工作要求的中介作用，承诺型人力资源归因会加强工作资源的中介作用。

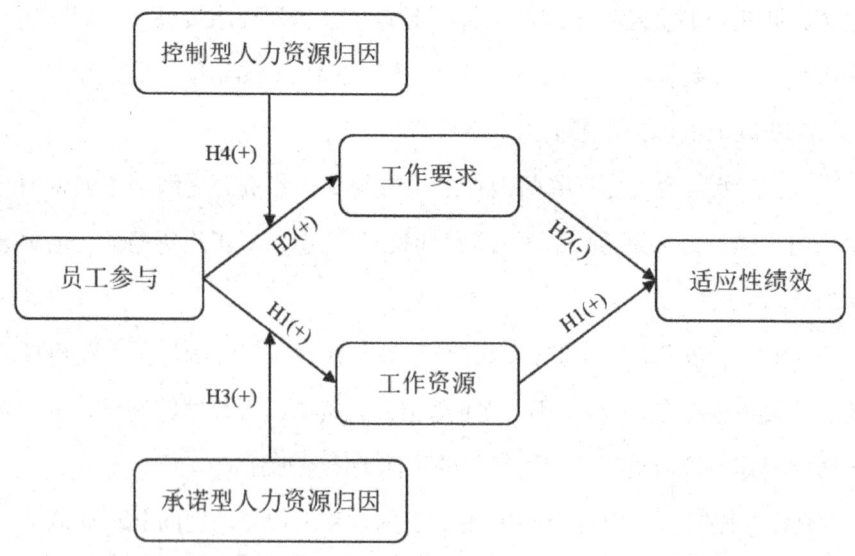

图4-2 员工参与对适应性绩效作用机制的假设模型

同时，对本书的研究假设进行了汇总，如表 4-1 所示。

表 4-1 研究假设汇总

序号	假设内容
H0	员工参与对适应性绩效有显著的"双刃剑"影响
H1	员工参与通过正向影响工作资源，进而促进其适应性绩效的产生
H2	员工参与通过正向影响工作要求，进而阻碍其适应性绩效的产生
H3a	承诺型人力资源归因在员工参与和工作资源之间起正向调节作用，当承诺型人力资源归因程度较高时，员工参与对工作资源的正向关系被加强
H3b	承诺型人力资源归因在员工参与通过工作资源对员工适应性绩效的间接影响中起调节作用，当承诺型人力资源归因程度较高时，员工参与通过工作资源对员工适应性绩效的正向关系被加强
H4a	控制型人力资源归因在员工参与和工作要求之间起正向调节作用，当控制型人力资源归因程度较高时，员工参与对工作要求的正向关系被加强
H4b	控制型人力资源归因在员工参与通过工作要求对员工适应性绩效的间接影响中起调节作用，当控制型人力资源归因程度较高时，员工参与通过工作要求对员工适应性绩效的负向关系被加强

第五章

实证研究与假设检验

第五章 实证研究与假设检验

/ 第一节 /
研究变量的界定与测量

本研究所有量表均来自国内外经典研究文献，并采用 Likert5 点法进行测度，调查对象根据自身情况的符合程度进行回答（1=非常不符合，5=非常符合，逐步过渡）。

一、员工参与的界定与测量

本书将员工参与定义为组织采取一些具体的制度计划或组织方式，让员工对工作和组织有更大的发言权，鼓励员工对工作和组织进行更大的责任承诺，以期达到提升员工主体地位和促进组织绩效的目标。员工参与具体包括角色内发言权、高参与组织方式、角色外发言权和经济参与 4 个基本维度。

员工参与的测量工具广泛存在于劳动关系和人力资源管理两个领域。早期劳动关系学者主要以员工参与决策制定（包括工作决策参与和战略决策参与等）为核心对员工参与程度进行测量，现代人力资源管理学者大多从权力、报酬、知识和信息 4 个方面对员工参与程度进行测量。基于对员工参与概念的初步界定,本研究认为单一采用劳动关系视角员工参与的测量量表和单一采用人力资源管理视角高参与工作系统/实践的测量量表,都不能完整地反映员工参与的本质和内涵。已有文献中整合两种视角的员工参与测量工具很少,在查阅大量相关文献的基础上,发现 Wood 和 Menezes(2011)、Wood 等(2012)开发制定的量表基本能够体现整合视角下员工参与的内涵和本质,因此本研究以该量表作为员工参与的初始测量工具,如表 5-1 所示。

表 5-1 员工参与的测量题项

变量	编号	题项
角色内发言权	EI1-1	我在我的工作任务上有很大的影响力
	EI1-2	我在我的工作节奏上有很大的影响力
	EI1-3	我在我的工作方法上有很大的影响力
	EI1-4	我在我的工作规则上有很大的影响力
	EI1-5	我在我的工作时间上有很大的影响力
高参与组织方式	EI2-1	公司安排部分员工可以进行其工作以外的培训
	EI2-2	公司有团队/小组形式解决具体工作问题,讨论绩效和质量问题(比如质量圈、问题解决小组或者持续改善小组)
	EI2-3	公司管理部门使用建议计划征求员工的意见
	EI2-4	公司有很大部分的员工正式团队设计形式工作
	EI2-5	公司有正式的新员工入职计划(使新员工融入)
	EI2-6	在过去的一年,我接受了沟通或者团队工作的脱产培训
	EI2-7	公司有专门的会议,在会议上管理部门与员工一起讨论工作组织问题
	EI2-8	公司管理部门定期披露财务状况、内部投资计划和人员计划
	EI2-9	公司绝大多数员工有正式的绩效评估

续表

变量	编号	题项
角色外发言权	EI3-1	公司管理者寻求员工或者员工代表的意见
	EI3-2	公司管理者对员工或者员工代表意见进行反馈
	EI3-3	公司允许员工或者员工代表参与最后决定
	EI3-4	公司管理者与员工分享组织运营方式变革的信息
	EI3-5	公司管理者与员工分享人员变动的信息
	EI3-6	公司管理者与员工分享员工工作方式变革的信息
	EI3-7	公司管理者与员工分享组织财务（预算和利润等）信息
	EI3-8	公司有工会，且工会代表员工就工资或者工作条件与公司进行谈判
	EI3-9	公司能够保证员工的雇佣安全（没有强制裁员规定）
	EI3-10	公司内部员工是唯一的或者优先的职位空缺填补来源
经济参与	EI4-1	公司有基于工作团队或者组织绩效的工资
	EI4-2	公司有利润分享计划
	EI4-3	公司有员工持股计划

二、适应性绩效

本研究采用陶祁等（2006）发展的适应性绩效量表，包括25个题项，可以概括为文化与人际促进、压力和应急处理、岗位持续学习、创新解决问题4个维度（见表5-2）。文化与人际促进维度的举例题项为"我能融入其他不同的价值观、风俗和文化中"；压力和应急处理维度的举例题项为"我能够客观地处理紧急问题"；岗位持续学习维度的举例题项为"我采取必要方法使得知识和技能跟上潮流";创新解决问题维度的举例题项为"我能用创新的方法解决复杂的问题"。

表 5-2 适应性绩效的测量题项

变量	编号	题项
文化与人际促进	SP1-1	我能调整自己的行为去适应不同的习惯和文化
	SP1-2	我能融入不同的风俗和文化中
	SP1-3	必要时我会改变自己的行为
	SP1-4	我能理解公司的组织氛围和价值观
	SP1-5	我了解其他部门的工作氛围和价值观
	SP1-6	我能与不同文化背景的人一起很好地工作
	SP1-7	我能与不同个性的人保持友好的关系
	SP1-8	我能够理解其他文化,并据此做出相应的调整
压力和应急处理	SP2-1	在面对紧急事件时,我能保持冷静
	SP2-2	工作安排比较紧张时,我能保持镇静
	SP2-3	工作压力较高时,我能控制情绪
	SP2-4	我能够分步骤解决紧急问题
	SP2-5	在解决紧急问题时,我通常思维清晰
	SP2-6	我能够客观地处理紧急问题
	SP2-7	在处理紧急问题时,我能提出几种备选方案
岗位持续学习	SP3-1	我对学习新技术、新方法很感兴趣
	SP3-2	我会不断更新自己的知识和技能储备
	SP3-3	我能很快学会新知识或者新技能
	SP3-4	我能将新技术很好地应用到工作中
	SP3-5	我能很快适应没有接触过的工作内容
	SP3-6	我会采取行动改正自己工作中的问题
创新解决问题	SP4-1	我能从表面无关的信息中联想出新的解决方法
	SP4-2	我能想出新方法解决困难问题
	SP4-3	我能找到其他人没有发现的方法解决问题
	SP4-4	我能用逆向思维思考问题解决的方法

三、工作要求和工作资源

1. 工作要求

采用沙焱（2003）等根据 Robert Karasek 编写的英文版工作内容量表所开发的中文版工作内容量表。工作要求包括 10 个题项，体能工作要求维度举例题项为"工作需要很大的体力投入"，心理工作要求维度举例题项为"我的工作超负荷"。

2. 工作资源

采用沙焱（2003）等根据 Robert Karasek 编写的英文版工作内容量表所开发的中文版工作内容量表。工作资源包括 21 个题项，可以概括为技术自主度、决策自主度、上司支持、同事支持 4 个维度。技术自主度的举例题项为"工作需要很高的技能水平"；决策自主度的举例题项为"工作中有自主决策权"；上司支持的举例题项为"上级很关心我"；同事支持的举例题项为"我的同事很关心我"。

工作要求和工作资源的测量题项，具体如表 5-3 所示。

表 5-3　工作要求和工作资源的测量题项

变量		编号	题项
工作要求	心理工作要求	GY1-1	工作节奏很快
		GY1-2	工作需要很努力
		GY1-3	工作超负荷
		GY1-4	工作中有充足的时间
		GY1-5	工作中有矛盾的工作要求
	体能工作要求	GY2-1	工作需要很大的体力投入
		GY2-2	工作是重体力劳动
		GY2-3	工作需要快速地运动
		GY2-4	工作需要特定的身体姿势
		GY2-5	工作需要特定的手部姿势

续表

变量		编号	题项
工作资源	技术自主度	GZ1-1	工作中能学到很多东西
		GZ1-2	工作内容是重复的
		GZ1-3	工作需要创造力
		GZ1-4	工作需要很高的技能水平
		GZ1-5	工作内容是多样化的
		GZ1-6	工作能够发展自己的能力
		GZ1-7	工作有学历要求
	决策自主度	GZ2-1	工作中有自主决策权
		GZ2-2	工作缺乏决策自由权
		GZ2-3	工作中有话语权
	上级支持	GZ3-1	上级很关心我
		GZ3-2	上级很关注我的工作
		GZ3-3	上级对我是有敌意的
		GZ3-4	上级对我是有帮助的
		GZ3-5	上级是优秀的组织者
	同事支持	GZ4-1	我的同事很有能力
		GZ4-2	我的同事很关心我
		GZ4-3	我的同事是有敌意的
		GZ4-4	我的同事是友好的
		GZ4-5	我跟同事一起工作
		GZ4-6	我跟同事互相帮助

四、控制型人力资源归因和承诺型人力资源归因

1. 控制型人力资源归因

采用 Lisa 等（2008）开发的人力资源归因量表中的控制型人力资源归因，包括两个题项，举例题项为"公司提供员工培训、员工福利、雇佣政策、薪酬待遇、员工管理（工作时间、灵活性、休假制度等），目的是降低成本"。

2. 承诺型人力资源归因

采用 Lisa 等（2008）开发的人力资源归因量表中的承诺型人力资源归因，包括两个题项，举例题项为"公司提供员工培训、员工福利、雇佣政策、薪酬待遇、员工管理（工作时间、灵活性、休假制度等），目的是帮助员工提升产品或服务的质量"。

人力资源归因的测量题项，具体如表 5-4 所示。

表 5-4 人力资源归因的测量题项

变量	编号	题项
承诺型人力资源归因	CY1-1	公司提供员工培训、员工福利、雇佣政策、薪酬待遇、员工管理（工作时间、灵活性、休假制度等），目的是帮助员工提升产品或服务的质量
承诺型人力资源归因	CY1-2	公司提供员工培训、员工福利、雇佣政策、薪酬待遇、员工管理（工作时间、灵活性、休假制度等），目的是让员工感受到自己的价值和被尊重，提升员工的幸福感
控制型人力资源归因	KY1-1	公司提供员工培训、员工福利、雇佣政策、薪酬待遇、员工管理（工作时间、灵活性、休假制度等），目的是降低成本
控制型人力资源归因	KY1-2	公司提供员工培训、员工福利、雇佣政策、薪酬待遇、员工管理（工作时间、灵活性、休假制度等），是因为工会的要求

五、控制变量

在相关的文献中，大多将性别、年龄、学历等相关变量作为控制变量，本研究在统计分析过程中也对性别、年龄、学历进行了控制。

/ 第二节 /
实证研究的程序和数据分析方法

一、实验研究的程序

通过对已有文献的回顾和梳理，基于研究问题和理论推演，本书构建了员工参与对创新行为影响的理论框架，通过研究变量的选取将其转化为实证研究模型，并提出了研究假设。接下来需要进一步检验实证研究模型和研究假设，具体的检验程序包括以下几个步骤。

1. 问卷设计

根据实证研究模型中的概念界定和变量间关系，选择符合理论设想的测量量表。本书对员工参与的概念和维度进行了重新界定，所以员工参与的量表是在已有量表基础上修订而来，其余涉及的变量均采用被广泛应用的且信度和效度都比较高的量表。为了确保英文量表翻译的准确性，以及在中国情境下测量的有效性，由5位人力资源管理专业的博士研究生对该量表进行了翻译和回译，通过对比调整问卷的内容，并邀请了2位企业人力资源管理人士对问卷语言的表述做了进一步的调整，以保证问卷在填写过程中的可读性。

2. 数据收集

问卷设计好之后，进入数据收集环节。数据收集共分为两个阶段：第一阶段是小样本预调研，目的是通过小样本分析结果对问卷的内容进行修订和完善，保证问卷与理论设想的一致性；第二阶段就是正式大样本数据的收集，用于实证研究模型和研究假设的检验。

3. 数据处理

对收集好的数据进行整理，共分为3个步骤：第一个步骤是将所有回收的问卷进行编码，对原始数据进行完整保存；第二个步骤是通过简单筛选，剔除明显存在问题的问卷，并将有效数据录入数据模板；第三个步骤是检查录入的数据，对异常值进行处理。

4. 数据分析

数据处理完成之后，开始进入数据分析阶段。需要选择适当的数据分析方法进行分析和检验，并对研究结果进行分析和讨论，完成实证研究。

二、数据分析方法

在本书中，对实证研究模型和研究假设的检验主要采取回归分析和路径分析的方法，并辅以描述性统计分析、信度分析、效度分析和相关分析等方法。

1. 描述性统计分析

通过对数据的描述性统计分析，可以了解数据的基本形态和分布特征，比如频次、均值、标准差等。本书采用 SPSS21.0 软件进行描述性统计分析。

2. 信度分析

信度分析即为可靠性分析，通过信度分析可以评估量表的可靠性程度，借此表明数据的稳定性和一致性。一般采用 Cronbach's α 系数来表征变量（或维度）各个题项的一致性。通常 Cronbach's α 处于 0.7~0.9 之间被视作具有较高的信度。本书采用 SPSS21.0 软件进行信度分析。

3. 效度分析

效度分析主要评估量表的构念效度，即量表能够准确测出所要评估构念的程度。由于本书采用的员工参与量表是在已有量表的基础上修订而来，因此需要进行探索性因子分析来评估其结构维度和构念效度。其余构念采用已有成熟的量表，需要通过验证性因子分析等方法来评估各个构念的效度。本书采用 SPSS21.0、MPLUS7.0 软件进行效度分析。

4. 相关分析

相关分析主要是对各个变量间的相关性进行检验，目的是为后面的路径分析奠定基础。本书采用 SPSS21.0 软件进行相关分析。

5. 回归分析

主要采用层级回归的分析方法对实证研究模型中的直接效应、中介效应和调节效应进行检验。本书采用 SPSS21.0 软件进行回归分析。

6. 路径分析

路径分析作为多元回归模型的拓展，可以同时包含几个回归方程，以解决传统回归模型中只能分析一个因变量的不足，所以路径分析特别适用于检验彼此联系的复杂关系网络。本书具体采用的是有调节的中介模型，来分析自变量通过中介变量影响因变量的过程受到调节变量的调节作用。本书采用MPLUS7.0软件进行路径分析。

/第三节/
问卷调研和数据分析

一、问卷调研

本研究通过开展问卷调查,获取员工参与、适应性绩效等情况。问卷调查范围包括河北省、山东省、北京市、天津市4个省市,调查方式主要是通过线上渠道发放和回收问卷。为了保证信息的真实可靠,保护被调查者的隐私,问卷采用匿名填写的形式。本研究采用配对方式收集不同来源的数据,被调查者分别为企业员工及其直接主管,员工评价企业员工参与项目的实施情况,其直接主管评价该员工的适应性绩效,这样在一定程度上降低了共同方法偏差对研究结果的影响。

为了保证本书所用问卷的结构合理性、内容严谨性,在设计问卷之前,作者梳理了相关文献,对员工参与、适应性绩效、工作要求、工作资源、人力资源归因的测量进行了剖析。结合研究目的,本书根据研究变量的定义选择了国内外经典研究文献中已有成熟的测量量表。为保证量表的有效性,采用"翻译—回译"法对量表进行了修订,并进行了合理整理。编制好问卷后,先找一些员工及其直接主管进行试填,然后收集填好的问卷及相关意见,并依据结果对问卷进行修改和完善,保证问卷结构合理、

数智化时代：员工参与和适应性绩效

表达明确、逻辑清晰，最终形成本研究的正式问卷并进行投放。

为了获取能够准确描述员工参与实施、适应性绩效结果等情况的数据，避免共同方法偏差，我们通过向企业员工及其直接主管成对发放问卷来获取信息。成熟企业的员工参与项目较为完整、成熟，已经在企业中运转、施行了较长时间，比较有代表性和可研究性。制造业行业和服务业行业的企业较为重视员工参与项目的实施，一直在对企业员工参与进行研究和改进，该行业企业的员工参与一直在随数智化时代的发展而创新，贴近本书研究的背景。综上，本研究选取的受访者需要满足以下条件。

（1）受访样本所在企业为规模较大的成熟企业。

（2）受访样本所在企业的行业为制造业和服务业。

（3）员工和领导为直属上下级。

因为涉及民主管理的形式和内容，企业人力资源部多数不支持做这种调查，所以本研究无法大规模发放问卷，只能采用滚雪球的收集方式，通过作者本人及身边的人际关系去征集符合条件的员工及直接主管进行成对的问卷发放。

本研究最终发放了 201 套问卷（其中直接主管问卷 201 份、员工问卷 201 份），研究样本所在企业涉及制造业、服务业两大行业，主要有河钢集团有限公司、长城汽车股份有限公司、海尔集团、新奥天然气股份有限公司、信誉楼百货集团等。在员工有效样本中，男性占 63.68%，女性占 36.32%；年龄主要集中在 31～40 岁，占全部调查对象的 43.78%；学历以大专及本科为主，占全部调查对象的 74.63%，具有大专、本科及以上学历的为 80.60%；正式工占 90.55%。具体统计结果如表 5-5 所示。

表5-5 员工调查样本构成情况

个体特征	类别	百分比（%）
性别	男	63.68
	女	36.32
年龄	25岁及以下	16.42
	26~30岁	36.82
	31~40岁	43.78
	41~50岁	2.98
学历	初中及以下	1.99
	高中/中专	17.41
	大专/本科	74.63
	研究生及以上	5.97
用工类型	正式工	90.55
	劳务派遣工	5.97
	非全日制用工	1.00
	平台用工	1.00
	其他	1.48

二、数据分析

1. 信效度检验

（1）信度分析。

本研究采用SPSS21.0软件对量表进行信度检验，结果如表5-6所示。员工参与量表的Cronbach's α值为0.939，适应性绩效量表的Cronbach's α值为0.939，工作要求量表的Cronbach's α值为0.869，工作资源量表的 Cronbach's α 值为 0.936，控制型人力资源归因量表的 Cronbach's α 值为 0.618，承诺型人力资源归因量表的 Cronbach's α 值为 0.592，量表均具备良好的信度。

表 5-6 变量的信度分析结果

变量	题项数	Cronbach's α 值	总体 Cronbach's α 值
员工参与	25	0.939	
适应性绩效	25	0.939	
工作要求	5	0.869	0.960
工作资源	21	0.936	
控制型人力资源归因	2	0.618	
承诺型人力资源归因	2	0.592	

（2）效度分析。

为了确保数据具有良好的区分效度，本研究使用 MPLUS7.0 统计软件对员工参与、适应性绩效、工作要求、工作资源、控制型人力资源归因、承诺型人力资源归因 6 个构念进行验证性因子分析，结果如表 5-7 所示。六因子模型的拟合指数和效果显著优于其他模型，其数据拟合指标为：X^2（df）为 174.231（89）；X^2/DF 为 1.958，小于 3；CFI 为 0.968，TLI 为 0.957，均大于 0.9；RMSEA 为 0.069，SRMR 为 0.045。研究假设的六因子模型的拟合效果最为理想，这表明员工参与、工作要求、工作资源、适应性绩效、控制型人力资源归因、承诺型人力资源归因 6 个构念具有良好的区分效度。

表 5-7 验证性因子分析

模型	X^2	df	X^2/df	CFI	TLI	RMSEA	SRMR
六因子模型	174.231	89	1.958	0.968	0.957	0.069	0.045
五因子模型	238.304	94	2.535	0.945	0.930	0.087	0.066
四因子模型	1012.584	98	10.332	0.655	0.577	0.215	0.280
三因子模型	822.982	101	8.148	0.727	0.676	0.189	0.120
二因子模型	825.614	103	8.016	0.727	0.682	0.187	0.120
单因子模型	999.121	104	9.607	0.662	0.610	0.207	0.123

注：六因子模型：员工参与、工作要求、工作资源、适应性绩效、控制型人力资源归因、承诺型人力资源归因。五因子模型：员工参与、工作要求、工作资源、适应性绩效、控制型人力资源归因＋承诺型人力资源归因。四因子模型：员工参与、工作要求＋工作资源、适应性绩效、控制型人力资源归因＋承诺型人力资源归因。三因子模型：员工参与、工作要求＋工作资源＋适应性绩效、控制型人力资源归因＋承诺型人力资源归因。二因子模型：员工参与、工作要求＋工作资源＋适应性绩效＋控制型人力资源归因＋承诺型人力资源归因；单因子模型：员工参与＋工作要求＋工作资源＋适应性绩效＋控制型人力资源归因＋承诺型人力资源归因。"+"表示融合。

（3）共同方法偏差检验。

共同方法偏差的控制方法分为程序控制和统计控制（周浩和龙立荣，2004）。本研究通过匿名作答、设置重复题项和相反题项、详尽解释研究目的、预测试改进量表项目等手段在程序控制方面减少共同方法偏差。为确保研究的准确性和可靠性，在统计控制方面，本研究采用 Harman 单因子法对问卷进行共同方法偏差分析，对所有因子进行未旋转的主成分分析，提取出特征根大于 1 的因子共 22 个，其中第一个因子解释了 31.40% 的变异量，低于 40% 的临界水平。所以本研究的共同方法偏差问题处于可控水平，对研究结果的影响较小。

/ 第四节 /

实证数据分析

一、描述性统计分析

本研究采用SPSS21.0软件对变量进行数据分析，各变量的描述性统计及Pearson相关性分析结果如表5-8所示。结果显示，员工参与、工作资源、适应性绩效、控制性人力资源归因、承诺型人力资源归因两两之间的相关性均显著。员工参与与工作资源（$r=0.76$，$p<0.01$）、工作要求与控制型人力资源归因（$r=0.22$，$p<0.01$）、工作资源与承诺型人力资源归因（$r=0.64$，$p<0.01$）之间均呈现显著的正相关关系。这些分析结果为后续假设检验提供了初步支持。

第五章 实证研究与假设检验

表 5-8 变量均值、标准差及相关系数

变量	M	SD	1	2	3	4	5	6	7	8	9
1. 性别	1.36	0.48	1	-0.018	0.178*	0.057	0.003	0.025	0.018	-0.07	-0.002
2. 年龄	2.33	0.78	-0.018	1	0.205**	0.182**	-0.061	0.238**	0.310**	0.075	0.158*
3. 学历	2.85	0.54	0.178*	0.205**	1	0.263**	-0.158*	0.213**	0.155*	-0.146*	0.176*
4. 员工参与	3.51	0.71	0.057	0.182**	0.263**	1	-0.074	0.761**	0.689**	-0.268**	0.569**
5. 工作要求	2.68	0.62	0.003	-0.061	-0.158*	-0.074	1	-0.121	-0.09	0.215**	0.073
6. 工作资源	3.85	0.6	0.025	0.238**	0.213**	0.761**	-0.121	1	0.763**	-0.296**	0.642**
7. 适应性绩效	3.92	0.52	0.018	0.310**	0.155*	0.689**	-0.09	0.763**	1	-0.164*	0.634**
8. 控制型人力资源归因	2.88	0.96	-0.07	0.075	-0.146*	-0.268**	0.215**	-0.296**	-0.164*	1	-0.160*
9. 承诺型人力资源归因	4.08	0.68	-0.002	0.158*	0.176*	0.569**	0.073	0.642**	0.634**	-0.160*	1

注：* 表示 p < 0.05，** 表示 p < 0.01，*** 表示 p < 0.001，下同。

二、研究假设检验

本研究采用 SPSS21.0 软件的 Process 程序进行假设检验,主要检验工作要求与工作资源在员工参与对适应性绩效影响中所起的中介作用,以及控制型人力资源归因和承诺型人力资源归因在其中起到的调节作用。由表 5-9 和表 5-10 可知,员工参与能够正向预测工作资源($p < 0.001$),工作资源能够正向预测适应性绩效($p < 0.001$),员工参与通过工作资源影响适应性绩效的间接效应的 95% 置信区间不包含 0,因此,员工参与通过工作资源对适应性绩效产生显著的间接影响,H1 得到验证;员工参与能够正向预测工作要求($p < 0.001$),工作资源能够负向预测适应性绩效($p < 0.001$),员工参与通过工作要求影响适应性绩效的间接效应的 95% 置信区间不包含 0,因此,员工参与通过工作要求对适应性绩效产生显著的间接影响,H2 得到验证。

表 5-9 变量的作用路径系数检验结果

作用路径	路径系数	95% 置信区间
员工参与→工作资源	0.684	[0.181, 1.187]
员工参与→工作要求	0.275	[0.003, 0.814]
员工参与→适应性绩效	0.495	[0.419, 0.570]
工作资源→适应性绩效	0.467	[0.350, 0.585]
工作要求→适应性绩效	−0.065	[−0.113, −0.016]

表 5-10　变量的中介路径检验结果

作用路径	路径系数	95% 置信区间
员工参与→工作资源→适应性绩效	0.235	[0.165, 0.308]
员工参与→工作要求→适应性绩效	-0.015	[-0.035, -0.001]
总间接效应	0.113	[0.032, 0.364]
直接效应	0.201	[0.102, 0.301]

在对调节效应进行检验时，结果显示承诺型人力资源归因在员工参与与工作资源间没有起到调节作用（B=-0.045，p＞0.1），95% 置信区间为 [-0.039, 0.023]，包含 0，故假设 H3a 没有得到支持。

控制型人力资源归因在员工参与与适应性绩效间起调节作用（B=0.225，p＜0.01），95% 置信区间为 [0.060, 0.390]，不包含 0。为了更直观地展现控制型人力资源归因在员工参与与工作要求之间的调节作用，本研究采用简单斜率分析方法绘制了调节效应图。由图 5-1 可知，相

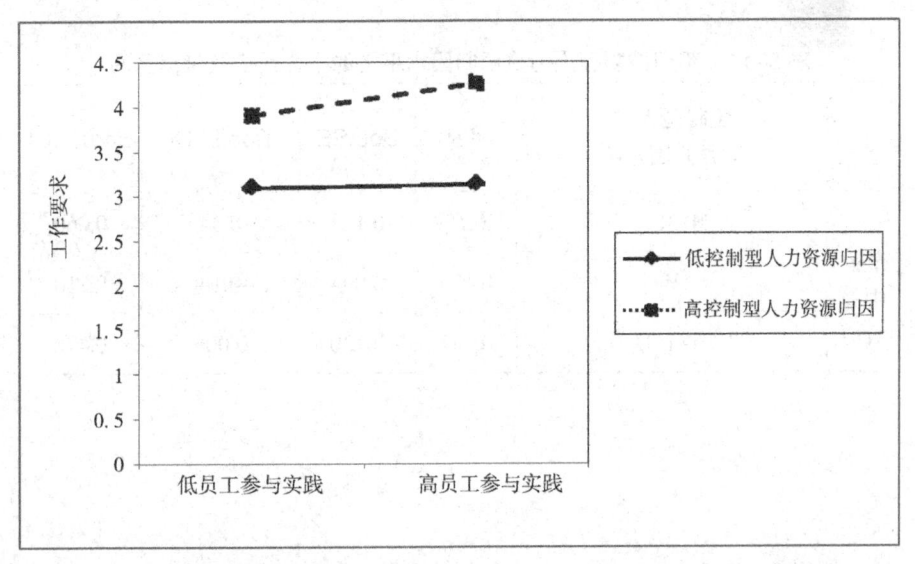

图 5-1　在不同的控制型人力资源归因水平下员工参与对工作要求的影响

较于低水平控制型人力资源归因的员工,员工的控制型人力资源水平越低,员工参与对工作要求的促进作用越强,假设 H4a 得到支持。

为进一步验证假设 H4b,采用 Process Bootstrap 方法,通过对原样本进行有放回的随机抽样,重复抽样 5000 次,来分析在不同控制型人力资源归因水平下,工作要求在员工参与与适应性绩效之间的中介效应,结果如表 5-11 所示。当控制型人力资源归因低于 1 个标准差时,Bootstrap 的 95% 置信区间为 [-0.443, 0.060],上下限包含 0,说明在控制型人力资源归因程度较低时,工作要求的中介作用不显著。当控制型人力资源归因高于 1 个标准差时,Bootstrap 的 95% 置信区间为 [0.241, 0.120],上下限区间不包含 0,说明在控制型人力资源归因程度较高时,员工参与通过工作要求的中介作用对适应性绩效的影响显著(B=0.241,SE=0.120)。由此可见,有调节的中介作用存在。研究结果表明,控制型人力资源归因水平越高,工作要求在员工参与与适应性绩效关系中的中介作用越强,假设 H4b 得到支持。

表 5-11 不同控制型人力资源归因水平上的中介效应及置信区间

	控制型人力 资源归因水平	effect	BootSE	BootLLCI	BootULCI
有调节的中介效应	M-1SD	-0.192	0.128	-0.443	0.060
	M	0.025	0.094	-0.160	0.210
	M+1SD	0.241	0.120	0.006	0.476

三、研究假设结果汇总

本研究提出 6 个假设,经过实证检验后,4 个假设获得了支持,具体结果如表 5-12 所示。

表 5-12 研究假设汇总

假设	假设内容	结果
H1	员工参与通过正向影响工作资源,进而促进其适应性绩效的产生	支持
H2	员工参与通过正向影响工作要求,进而阻碍其适应性绩效的产生	支持
H3a	承诺型人力资源归因在员工参与和工作资源之间起正向调节作用,当承诺型人力资源归因程度较高时,员工参与对工作资源的正向关系被加强	不支持
H3b	承诺型人力资源归因在员工参与通过工作资源对员工适应性绩效的间接影响中起调节作用,当承诺型人力资源归因程度较高时,员工参与通过工作资源对员工适应性绩效的正向关系被加强	不支持
H4a	控制型人力资源归因在员工参与和工作要求之间起正向调节作用,当控制型人力资源归因程度较高时,员工参与对工作要求的正向关系被加强	支持
H4b	控制型人力资源归因在员工参与通过工作要求对员工适应性绩效的间接影响中起调节作用,当控制型人力资源归因程度较高时,员工参与通过工作要求对员工适应性绩效的负向关系被加强	支持

第六章
研究结论与展望

本章对全书的研究内容进行了总结与概括,首先,对质性研究与实证研究的两个部分进行总结和讨论;其次,阐述本研究的理论贡献以及对组织管理实践的启示;最后,提出本研究的局限与不足,并在此基础上对未来研究进行展望。

/ 第一节 /

研究结论与讨论

基于管理实践的反思以及相关理论文献的回顾,本研究明确了研究主题和切入点,采用质性研究与量化研究的具体研究方法,研究结论基本上回答了研究之初所设定的问题。以下将从质性研究与量化研究两个方面归纳研究结论,并尝试提出新的研究发现。

一、质性研究结论

本研究采用半结构化访谈的形式对22位企业高层管理者、人力资源管理者、一线经理及员工进行了访谈,收集了大量的质性研究资料,并采用程序化扎根理论研究方法构建概念模型,具体研究结论如下。

1. 识别出数智化背景下员工参与的内涵和维度

首先,对员工参与的相关研究文献进行归纳综述,初步形成员工参与的内涵;其次,在此基础上,通过对22位专家展开深度访谈,最终获取万余字的深度访谈资料;最后,通过程序化扎根理论研究中的三级编码流程对访谈资料进行分析，进一步识别确认了员工参与的具体内涵和维度，即员工参与的维度包括角色内发言权、高参与组织方式、角色外发言权以及经济参与。本研究在相关文献回顾的基础之上，从实践中进一步归纳员工参与的内涵和维度，具有一定的理论意义与实践意义。

2. 提炼出"员工参与—工作要求/工作资源—适应性绩效"的理论框架

本研究以员工参与为核心概念对访谈对象展开深度访谈，通过对访谈文字资料的分析进一步识别出员工参与对适应性绩效"双刃剑"影响的过程机理，最终提炼出"员工参与—工作要求/工作资源—适应性绩效"的理论框架，为下一步研究提出实证模型以及开展实证检验提供了依据，丰富了员工参与以及适应性绩效的相关研究。

二、实证研究结论

1. 验证了员工参与对适应性绩效有"双刃剑"影响

研究结果表明，员工参与对适应性绩效有"双刃剑"影响，工作要求和工作资源是员工参与影响适应性绩效的重要传导机制。一方面，员工参与是组织为员工提供的一种激励方式，向员工传递工作资源的信号。工作资源可以激发员工的工作动机，使员工保持较高的积极性和主动性，保证较高的工作投入，取得较高的适应性绩效。另一方面，员工参与也被看作组织剥削员工的一种手段，对员工而言是一种压力源，向员工传递工作要求的信号。工作要求会给员工带来较大的压力，不断消耗员工的体力和精力，使员工出现情绪耗竭，进而导致员工在工作场所中的消极行为及较低的适应性绩效。这一发现有效地拓展了现有研究对于员工参与和适应性绩效的研究结论，从 JD-R 模型视角揭示了员工参与、工作要求、工作资源和适应性绩效之间的内在关系。

2. 验证了控制型人力资源归因在员工参与与工作要求以及适应绩效之间的调节作用

控制型人力资源归因在员工参与与工作要求之间起正向调节作用。倾向控制型人力资源归因的员工认为组织实施员工参与措施是对自己的剥削，是组织节约成本的手段。这种归因会使员工持续处于紧张的状态当中，不断消耗员工的个体资源，给员工带来较高的工作要求，最终阻碍员工的适应性绩效发展。承诺型人力资源归因在员工参与与工作资源之间的正向调节作用没有得到验证，可能的原因是：员工参与与工作资源的关系除了受到承诺型人力资源归因的调节外，还受到如组织氛围、员工资源等诸多因素的影响，并且员工的归因影响过程会受到多个因素的限制，个体特征、领导方式、组织文化等都会影响到员工的归因影响过程（Peccei 等，2012）。因此，承诺型人力资源归因对员工工作态度和行为的影响调节可能更为复杂，其作用机理有待进一步地深入剖析。

/ 第二节 /

理论贡献与实践启示

一、理论贡献

本书基于数智化时代背景,以 JD-R 模型和归因理论作为理论依据,通过质性研究阐释了员工参与对适应性绩效的影响关系,在此基础上建立了相应的理论模型,并进行了实证检验,揭示了员工参与对适应性绩效"双刃剑"影响的过程机制和边界条件。

1. 本研究拓展了员工参与的概念和测量

已有文献分别从劳动关系视角和人力资源管理视角对员工参与展开研究,两种视角下员工参与的概念、维度和测量等存在很大分歧。本书基于劳动关系与人力资源管理的双重视角,整合了学者们的观点,并通过扎根理论研究方法,对员工参与的概念和维度进行了重新界定,提出了员工参与的4个基本维度,即角色内发言权、高参与组织方式、角色外发言权和经济参与。

2. 本研究弥补了员工参与"双刃剑"影响研究的不足

目前,学者们主要对员工参与的积极效应进行研究和解释,只有少数学者关注到了员工参与的消极影响。本书立足于数智化时代背景研究员工参与的"双刃剑"效应,有助于更为全面地解释员工参与对于企业、个体的影响,弥补了从单一方面解释员工参与效能的局限和不足。

3. 本研究深化了员工参与对适应性绩效影响机制的理论研究

已有研究主要从社会交换理论、资源基础观等理论视角探索员工参与的影响机制。本书基于JD-R模型和归因理论,明晰了员工参与与适应性绩效等之间的逻辑关系,进一步深化了对这两种理论的理解,也为研究员工参与的作用机制提供了新的视角。组织实施员工参与措施对员工而言既是一种工作资源的感知,也是一种工作要求的信号。充足的工作资源对员工有激励的作用,可以使员工对工作保持更高的投入度,进而促进其适应性绩效的提升。较高的工作要求会消磨员工的情绪和精力,给员工带来较大的压力,从而阻碍其适应性绩效的提升。本研究还发现,控制型人力资源归因在员工参与对工作要求的关系中起调节作用,这有助于理解员工参与影响适应性绩效的具体边界条件。

二、管理启示

1. 帮助企业更加全面地了解数智化情境下员工参与在组织中的角色

在数智化技术迅猛发展的背景下,企业面临更加动态、不确定和复杂的竞争环境,因此,应对环境的挑战,实现组织持续发展成为重要的管理议题。员工适应性绩效是企业长足发展的基础和不竭的动力，本书探讨了"员工参与—适应性绩效"的关系框架，实证了员工参与对适应性绩效的影响，解开了企业管理者关于员工参与有效性（对适应性绩效）的困惑，为企业制定和实施员工参与制度提供了实证证据。

2. 为管理者制定有效的员工参与决策提供借鉴和启示

管理者应科学看待员工参与，优化员工参与政策。一方面，组织应认真考虑员工工作要求的适度性问题，适当减轻因员工参与给员工带来的超负荷和工作压力，在员工的可承受范围内实施相关的员工参与措施。另一方面，组织可以考虑在实施员工参与措施时，给予员工更多工作资源的支持，例如给予员工更多的工作自主权和关怀、为员工提供更多学习和提升的机会，提升员工的工作满意度和组织归属感，切实促进员工的职业发展。

3. 有助于企业管理者重视人力资源归因对员工行为决策的影响

管理者应重视人力资源归因对员工和组织的影响，避免员工做出消极的控制型人力资源归因。本研究发现，对组织员工参与做出消极归因的员工，工作满意度更低，对组织实践持怀疑的态度，会感受到更多的工作压力，阻碍其适应性绩效的发展，不利于组织在当今变化的环境中实现可持续发展。因此，管理者应该制定一套正式的、规范的、以员工为中心的人力资源政策，并向员工传达组织尊重、关爱、理解和支持员工的管理理念和管理思想，在实施人力资源实践的过程中给予员工充足的资源，引导员工做出积极的人力资源归因，实现员工和组织的绩效提升。

/ 第三节 /

研究局限与展望

一、研究局限

本书基于明确的研究问题,在对相关文献进行梳理的基础上,通过逻辑推演建构理论模型,并在此基础上通过变量选择和数据分析展开实证研究。尽管整个研究过程中本着严谨的科学态度,并严格遵循研究规范,但是仍然存在一些缺陷和不足。

1. 数据收集过程的不足

首先,受研究条件的限制,本书获取的是各个变量横截面的数据,即同一时点完成对所有变量的测量,所以在各个变量间的因果关系解释上不能准确地揭示员工参与对创新行为影响的过程机制。今后研究中要尽量进行纵向数据的收集和分析,从而保证数据对研究问题和理论模型更强的解释力。

其次,为了尽量避免共同方法偏差对研究结论的影响,本书设计采用主管(或同事)和员工本人两个来源进行数据收集,但对数据收集过程难以进行精确的控制,所以在一定程度上可能造成数据的不客观,不能达到研究设计的要求。今后的研究中不仅要采用不同来源的数据，而且也要对数据收集过程进行严密控制，从而更加客观地展现企业现实情况，保证研究结论的可靠性。

2. 理论研究的不足

员工参与对适应性绩效的影响过程和作用机理比较复杂，本研究仅考察了工作要求和工作资源的中介作用，以及人力资源归因的调节效应，可能无法全面地解释员工参与对适应性绩效的影响机制。未来研究可以考虑从更多其他的理论视角，更加全面地研究员工参与通过何种作用机制及边界条件对适应性绩效产生影响。

3. 实证过程的不足

本书对员工参与的维度进行了重新的界定，在此基础上对已有成熟的量表进行了修订，从量表信度、效度检验和探索性因子分析结果来看，员工参与的第三个维度角色外发言权的聚敛效度和因子结构不是非常理想，可能存在题项不典型、与现实不符等问题，后续工作需要进一步完善。

二、未来研究展望

1. 探讨员工参与各维度之间的替代互补作用

本书将员工参与划分为角色内发言权、高参与组织方式和角色外发言权3个维度，而且3个维度也都体现为民主和效率两个导向，现实中的员工参与也是两种导向的综合视图，因此，3个维度之间可能存在互补替代作用，已有研究也表明员工所有（员工持股）和参与决策制定是互补关系

（Arando 等，2015；Pendleton 和 Robinson，2010）。未来研究可以进一步探讨员工参与各维度之间的互补替代关系，以及它们的交互作用对结果产出的影响。

2. 员工参与量表的开发和完善

本书所使用的员工参与量表是在借鉴和参考 Wood 和 Menezes（2011）、Wood 等（2012）研究的基础上修订而来的，并对这些题项的维度进行了重新划分。从量表的信度检验、效度检验和修正的总相关分析结果来看，角色内发言权量表比较好，高参与组织方式和角色外发言权量表各删除了一个题项。另外，从探索性因子分析结果来看，角色外发言权量表的因子结构并不是很理想。因此，未来的研究可以通过质性研究的方法收集更加丰富的访谈资料，开发和优化能够更加适合中国情境的员工参与量表。

3. 将员工个性特征因素纳入理论模型的构建

本书主要探讨了员工参与对创新行为的过程机制，考察了员工参与通过员工主体地位以及员工的认知和情绪影响创新的行为。同时，也探讨了管理者行为方式在中间的调节作用。但是本书没有将员工的个性特征因素纳入理论模型。已有研究表明，控制点、个人主义/集体主义、自我效能感、权力距离等个体特征因素会对员工参与有效性产生影响（Kren，1992；Lam 等，2002）。因此，后续研究可以考虑将员工个性特征因素纳入理论模型构建，进一步探讨员工参与影响机制的情境边界。

4. 开展组织层次员工参与策略影响因素的理论和实证研究

通过员工参与影响因素的文献综述和分析，可以发现，组织规模、组织发展历史、组织所处行业、组织所处环境的动荡性等是影响组织员工参与策略选择的基本因素。由于客观条件和研究能力有限,本书只是在样本来源上考虑了这些组织因素的影响,将样本来源锁定为处于高动态环境的制造企业或者服务业。后续研究可以开展组织层次员工参与策略影响因素的理论和实证研究。

参考文献

[1] 陈靖涵. 领导授权行为与员工的心理授权、适应性绩效的关系研究[D]. 哈尔滨：哈尔滨师范大学, 2012.

[2] 陈明淑, 周帅. 参与式管理对新生代员工忠诚度的影响研究——一个被调节的中介效应模型[J]. 工业技术经济, 2018, 37（10）: 12-18.

[3] 陈万思, 刘伟静, 沈瑾. 参与式管理对新生代员工绩效的直接与间接影响[J]. 中国人力资源开发, 2016（19）: 99-107.

[4] 陈万思, 覃润宇, 武琼娥, 等. 员工参与对双组织承诺的影响：组织支持中介作用与用工制的调节作用[J]. 中国人力资源开发, 2015（9）: 21-33.

[5] 陈万思, 丁珏, 余彦儒. 参与式管理对和谐劳资关系氛围的影响：组织公平感的中介作用与代际调节效应[J]. 南开管理评论, 2013, 16（6）: 47-58.

[6] 程德俊, 宋哲, 王蓓蓓. 认知信任还是情感信任：高参与工作系统对组织创新绩效的影响[J]. 经济管理, 2010, 32（1）: 81-90.

[7] 程德俊, 赵曙明. 高参与工作系统与企业绩效：人力资本专用性和环境动态性的影响[J]. 管理世界, 2006（3）: 86-93.

[8] 崔勋, 吴海艳, 李耀锋. 从近代西方劳资关系研究视角的变迁看劳资冲突走向[J]. 中国人力资源开发, 2010（5）: 80-84.

[9] 董临萍,李晓蓓,关涛.跨文化情境下员工感知的多元化管理、文化智力与工作绩效研究[J].管理学报,2018,15(1):30-38.

[10] 杜鹏程,徐清琳.反馈寻求对员工适应性绩效的影响——工作重塑和个体主动性的作用[J].中国石油大学学报(社会科学版),2021,37(3):47-54.

[11] 胡恩华,张俊婷,单红梅,等.工作要求-资源理论视角下企业-工会耦合关系归因对员工适应性绩效的影响研究[J].管理学报,20(2):210-220.

[12] 侯烜方,李燕萍,涂乙冬.新生代工作价值观结构、测量及对绩效影响[J].心理学报,2014,46(6):823-840.

[13] 何轩.为何员工知而不言——员工沉默行为的本土化实证研究[J].南开管理评论,2010,13(3):45-52.

[14] 洪燕翎.发展型绩效考核与工作自主性对员工适应性绩效的影响及其作用机制研究[D].厦门:厦门大学,2018.

[15] 姜泽许.高绩效人力资源实践对员工离职倾向的影响研究[D].北京:北京科技大学,2015.

[16] 蒋建武,赵珊.基于高绩效工作系统影响的知识型移动工作者工作疏离感跨层研究[J].管理学报,2017,14(3):364-372.

[17] 李燚,魏峰.高绩效人力资源实践有助于组织认同[J].管理世界,2011(2):109-117.

[18] 李颖,王振华,王卫征.支持性人力资源实践、自我效能感与创新行为的关系研究[J].科技管理研究,2009(10):478-480.

[19] 吕梦捷.劳动关系视角下的员工参与研究述评[J].中国人力资源开发,2015(3):93-99.

[20] 黎煦.中国劳动力市场变迁的产权经济学分析[D].杭州:浙江大

学，2005.

[21] 李盛红．深化厂务公开民主管理的问题及对策 [J]．中共贵州省委党校学报，2008（5）：100-101.

[22] 刘松博．自主支持对员工创新的跨层次影响机制——团队和领导双向学习的作用 [J]．经济管理，2013，35（1）：80-88.

[23] 刘银国．国有企业员工参与公司治理与公司绩效相关性研究 [J]．经济学动态，2010（4）：56-59.

[24] 刘宗华，李燕萍．绿色人力资源管理对员工绿色创新行为的影响：绿色正念与绿色自我效能感的作用 [J]．中国人力资源开发，2020，37（11）：75-88.

[25] 刘元文．职工民主管理理论与实践 [M]．北京：中国劳动社会保障出版社，2007.

[26] 刘元文．相容与相悖——当代中国的职工民主参与研究 [M]．北京：中国劳动社会保障出版社，2004.

[27] 李志，谢国洪．企业员工参与管理研究综述 [J]．管理科学文摘，2007（3）：64-66.

[28] 马富萍，张倩霓，杨柳．基于工作要求-资源模型的高校教师职业倦怠产生机理研究——以 D 高校为例 [J]．管理案例研究与评论，2020，13（3）：302-314.

[29] 苗仁涛，周文霞，刘军，等．高绩效工作系统对员工行为的影响：一个社会交换视角及程序公平的调节作用 [J]．南开管理评论，2013，16（5）：38-50.

[30] 孙健敏，王宏蕾．高绩效工作系统负面影响的潜在机制 [J]．心理科学进展，2016，24（7）：1091.

[31] 沙焱，刘苹，李健，等．工作内容量表（中文版）在医务人员中

的验证 [J]. 中国职业医学, 2003（3）: 24-27.

[32] 陶祁, 王重鸣. 管理培训背景下适应性绩效的结构分析 [J]. 心理科学, 2006, 29（3）: 614-617.

[33] 吴思嫣, 崔勋. 员工的间接参与和直接参与: 理论背景溯源与研究展望 [J]. 现代管理科学, 2013（4）: 9-11.

[34] 吴思嫣, 张义明, 王庆娟. 员工参与: 信息分享的视角 [J]. 华东经济管理, 2011, 25（2）: 126-129.

[35] 王冬冬, 金摇光, 钱智超. 自我决定视角下共享型领导对员工适应性绩效的影响机制研究 [J]. 科学学与科学技术管理, 2019（6）: 140-154.

[36] 王端旭, 赵轶. 工作自主性、技能多样性与员工创造力: 基于个性特征的调节效应模型 [J]. 商业经济与管理, 2011, 240（10）: 43-50.

[37] 王永跃, 段锦云. 人力资源实践对员工创新行为的影响: 心理契约破裂的中介作用及上下级沟通的调节作用 [J]. 心理科学, 2014, 37（1）: 172-176.

[38] 王书晴, 余顺坤, 丁贺. 新生代员工工作价值观对创新绩效的影响机理 [J]. 企业经济, 2023（3）: 100-108.

[39] 王震, 孙健敏. 人－组织匹配与个体创新行为的关系——三元匹配模式的视角 [J]. 经济管理, 2010, 32（10）: 74-79.

[40] 王震. 论归因理论在人力资源管理领域中的应用 [J]. 商场现代化, 2006（24）: 310-311.

[41] 王震, 姜福斌. 人力资源管理计划、实施与感知的差异研究——一个整合模型 [J]. 经济管理, 2021（10）: 83-98.

[42] 吴明隆. 问卷统计分析实务 [M]. 重庆: 重庆大学出版社, 2010.

[43] 吴思嫣, 崔勋. 中国国有企业员工参与的演进路径 [J]. 现代管理

科学, 2013（5）: 6-8.

[44] 温忠麟, 叶宝娟. 有调节的中介模型检验方法: 竞争还是替补？[J]. 心理学报, 2014, 46（5）: 714-726.

[45] 吴新辉, 袁登华. 适应性绩效: 一个尚需深入研究的领域[J]. 心理科学进展, 2010, 18（2）: 339-347.

[46] 魏巍, 彭纪生, 华斌. 资源保存视角下高绩效人力资源系统对员工突破式创造力的双刃剑效应[J]. 管理评论, 2020, 32（8）: 215-227.

[47] 熊立, 占小军. 从心所"享", 顺"流"而创: 高参与人力资源实践对员工二元创新的激励机制研究[J]. 南开管理评论, 2022, 25（3）: 192-201+224.

[48] 谢玉华, 雷小霞. 员工参与: 内容与研究方法——中外研究比较[J]. 湖南大学学报（社会科学版）, 2009, 23（6）: 49-52.

[49] 谢玉华, 张群艳. 新生代员工参与对员工满意度的影响研究[J]. 管理学报, 2013, 10（8）: 1162-1169.

[50] 谢玉华, 张媚, 雷小霞. 影响员工参与的组织因素研究[J]. 财经理论与实践（双月刊）, 2010, 31（167）: 99-103.

[51] 谢玉华, 陈佳. 新生代员工参与需求对领导风格偏好的影响[J]. 管理学报, 2014, 11（9）: 1326-1332.

[52] 谢玉华, 何包钢. 西方工业民主和员工参与研究述评[J]. 经济社会体制比较, 2007（2）: 138-146.

[53] 谢玉华. 中国工业民主和员工参与制度及功能: 国企民企外企的比较——来自湖南的调查[J]. 经济社会体制比较, 2009（1）: 129-135.

[54] 阳镇, 陈劲. 数智化时代下企业社会责任的创新与治理[J]. 上海财经大学学报, 2020, 22（6）: 33-51.

[55] 叶晓倩, 王泽群, 杨琳. 参与式管理如何提高员工创新行为: 基

于诱因-贡献理论的视角[J].中国人力资源开发,2020,37(2):53-64.

[56] 于桂兰,徐泽磊,王辉.新时代员工参与和规则导向对组织偏差行为的协同效应机制——基于合作型劳动关系视角[J].吉林大学社会科学学报,2019,59(2):111-119.

[57] 杨红明,廖建桥.知识员工管理的新视角:工作要求-资源模型[J].科学学与科学技术管理,2009,30(10):171-176.

[58] 张柏楠,徐世勇.高参与人力资源实践对员工创新行为的影响:一个中介与调节模型[J].科技进步与对策,2021,38(7):141-150.

[59] 张昊民,杨涛,马君.自主管理团队的协和控制、成就目标导向对成员创造力的跨层次影响[J].科学学与科学技术管理,2015,36(8):170-180.

[60] 詹婧,李晓曼.国外员工参与制度与企业绩效关系的研究综述及展望[J].中国人力资源开发,2015(9):6-12.

[61] 郑刚,崔勋.国有企业员工身份多元化下的员工参与研究[J].中国人力资源开发,2015(9):13-20.

[62] 郑文智,陈金龙,胡三嫚.劳动契约、员工参与与相互投资型劳动关系[J].管理科学,2012,25(6):65-74.

[63] 郑馨怡,李燕萍,刘宗华.知识分享对员工创新行为的影响:基于组织的自尊和组织支持感的作用[J].商业经济与管理,2017,303(1):25-33.

[64] 张震,马力,马文静.组织气氛与员工参与的关系[J].心理学报,2002,34(3):312-318.

[65] 周厚余,郑全全.适应性绩效研究及其对绩效管理的意义[J].人类工效学,2006,12(4):57-59.

[66] 周浩,龙立荣.共同方法偏差的统计检验与控制方法[J].心理科学

进展，2004，12（6）：942-950.

[67] 周勇，肖田. 员工参与对离职倾向的影响研究——以组织承诺为中介变量[J]. 财会通讯，2015（12）：119-121+126.

[68] Alfes K, Veld M, Furstenberg N. The relationship between perceived high-performance work systems, combinations of human resource well-being and human resource performance attributions and engagement[J]. Human Resource Management Journal, 2021, 31（3）：729-752.

[69] Allworth E, Hesketh B. Adaptive performance: Updating the criterion to cope with change[C]//2nd Australian Industrial and Organizational Psychology Conference, Melbourne. 1997.

[70] Alutto J A, Belasco J A. A typology for participation in organizational decision making[J]. Administrative Science Quarterly, 1972, 17（1）：117-125.

[71] Alutto J A, Acito F. Decision participation and sources of job satisfaction: A study of manufacturing personnel[J]. Academy of Management Journal, 1974, 17（1）：160-167.

[72] Appelbaum E, Bailey T, Berg P, et al. Manufacturing competitive advantage: The effects of high performance work systems on plant performance and company outcomes[M]. New York: Cornell University Press, 2000.

[73] Arando S, Gago M, Jones D C, et al. Efficiency in employee-owned enterprises: An econometric case study of Mondragon[J]. Industrial and Labor Relations Review, 2015, 68（2）：398-425.

[74] Arthur J B. The link between business strategy and industrial relations systems in American Steel Minimills[J]. Industrial and Labor Relations Review, 1992, 45（3）：448-506.

[75] Arthur J B. Effects of human resource management systems on manufacturing performance and turnover[J]. Academy of Management Journal, 1994, 37 (3): 670-687.

[76] Ashmos D P, Duchon D, McDaniel Jr R R, et al. What a mess! Participation as a simple managerial rule to complexify organizations[J]. Journal of Management Studies, 2002, 39 (2): 189-206.

[77] Baard P P, Deci E L, Ryan R M. Intrinsic need satisfaction: A motivational basis of performance and well-being in two work settings[J]. Journal of Applied Social Psychology, 2004, 34 (10): 2045-2068.

[78] Banai M, Reisel W D, Probst T M. A managerial and personal control model: Predictions of alienation and organizational commitment in Hungary[J]. Journal of International Management, 2004, 10 (3): 375-392.

[79] Banai M, Reisel W D. The influence of supportive leadership and job characteristics on work alienation: A six-country investigation[J]. Journal of World Business, 2007, 42 (4): 463-476.

[80] Bakker A B, Demerouti E, Euwema M C. Job resources buffer the impact of job demands on burnout[J]. Journal of Occupational Health Psychology, 2005, 10 (2): 170.

[81] Bakker A B. An evidence-based model of work engagement[J]. Current Directions in Psychological Science, 2011, 20 (4): 265-269.

[82] Bakker A B, Hakanen J J, Demerouti E, et al. Job resources boost work engagement, particularly when job demands are high[J]. Journal of Educational Psychology, 2007, 99 (2): 274.

[83] Bakker A B, Demerouti E, Taris T W, et al. A multigroup analysis of the job demands-resources model in four home care organizations[J]. International

Journal of Stress Management, 2003, 10 (1): 16-38.

[84] Bakker A B, Van Emmerik H, Van Riet P. How job demands, resources, and burnout predict objective performance: A constructive replication[J]. Anxiety, Stress & Coping, 2008, 21 (3): 309-324.

[85] Bakker A B, Demerouti E, Verbeke W. Using the job demands-resources model to predict burnout and performance[J]. Human Resource Management, 2004, 43 (1): 83-104.

[86] Bar-Haim A. Participation programs in work organizations: Past, present, and scenarios for the future[M]. New York: Greenwood Publishing Group, 2002.

[87] Barge J K, Schlueter D W. A critical evaluation of organizational commitment and identification[J]. Management Communication Quarterly, 1988, 2 (1): 116-133.

[88] Barrick M R, Alexander R A. Estimating the benefits of a quality circle intervention[J]. Journal of Organizational Behavior, 1992, 13 (1): 73-80.

[89] Batt R. Strategic segmentation in front-line services: Matching customers, employees and human resource systems[J]. The International Journal of Human Resource Management, 2000, 11 (3): 540-561.

[90] Bell B S, Kozlowski S W J. Active learning: Effects of core training design elements on self-regulatory processes, learning, and adaptability[J]. Journal of Applied Psychology, 2008, 93 (2): 296.

[91] Beltran-Martin I, Roca-Puig V, Escrig-Tena A, et al. Human resource flexibility as a mediating variable between high performance work systems and performance[J]. Journal of Management, 2008, 34 (5): 1009-1044.

[92] Benson G S, Young S M, Lawler E E. High involvement work practices

and analysts forecasts of corporate earnings[J]. Human Resource Management, 2006, 45(4): 519-537.

[93] Ben-Ner A, Jones D C. Employee participation, ownership, and productivity: A theoretical framework[J]. Industrial Relations: A Journal of Economy and Society, 1995, 34(4): 532-554.

[94] Berg P. The effects of high-performance work practices on job satisfaction in the U. S. Steel Industry[J]. Relations Industrielles, 1999, 54(1): 111-153.

[95] Berger L K, Sedivy S K, Cisler R A, et al. Does job satisfaction mediate the relationships between work environment stressors and employee problem drinking? [J]. Journal of Workplace Behavioral Health, 2008, 23(3): 229-243.

[96] Bergami M, Bagozzi R P. Self-categorization, affective commitment and group self-esteem as distinct aspects of social identity in the organization[J]. British Journal of Social Psychology, 2000, 39(4): 555-577.

[97] Black J S, Gregersen H B. Participative decision-making: An integration of multiple dimensions[J]. Human Relations, 1997, 50(7): 859-878.

[98] Blumberg P. Industrial democracy: The sociology of participation[M]. New York: Schocken Books, 1968.

[99] Boon C, Kalshoven K. How high-commitment HRM relates to engagement and commitment: The moderating role of task proficiency[J]. Human Resource Management, 2014, 53(3): 403-420.

[100] Boxall P, Macky K. Research and theory on high-performance work systems: Progressing the high-involvement stream[J]. Human Resource

Management Journal, 2009, 19 (1): 3-23.

[101] Boxall P. High-performance work systems: What, why, how and for whom? [J]. Asia Pacific Journal of Human Resources, 2012, 50 (2): 169-186.

[102] Bryson A. The impact of employee involvement on small firms' financial performance[J]. National Institute Economic Review, 1999, 169 (1): 78-95.

[103] Budd J W. Employment with a human face: Balancing efficiency, equity, and voice[M]. New York: Cornell University Press, 2004.

[104] Budhwar P S, Khatri N. A comparative study of HR practices in Britain and India[J]. The International Journal of Human Resource Management, 2001, 12 (5): 800-826.

[105] Burgio L D, Whitman T L, Reid D H. A participative management approach for improving direct-care staff performance in an institutional setting[J]. Journal of Applied Behavior Analysis, 1983, 16 (1): 37-53.

[106] Camps J, Luna-Arocas R. High involvement work practices and firm performance[J]. The International Journal of Human Resource Management, 2009, 20 (5): 1056-1077.

[107] Carmeli A, Schaubroeck J. The influence of leaders' and other referents' normative expectations on individual involvement in creative work[J]. The Leadership Quarterly, 2007, 18 (1): 35-48.

[108] Casper A, Sonnentag S. Feeling exhausted or vigorous in anticipation of high workload? The role of worry and planning during the evening[J]. Journal of Occupational and Organizational Psychology, 2020, 93 (1): 215-242.

[109] Ceylan A, Sulu S. Work alienation as a mediator of the relationship

of procedural injustice to job stress[J]. South East European Journal of Economics and Business, 2010, 5(2): 65-74.

[110] Chen Z X, Aryee S. Delegation and employee work outcomes: An examination of the cultural context of mediating processes in China[J]. Academy of Management Journal, 2007, 50(1): 226-238.

[111] Chuang C H, Jackson S E, Jiang Y. Can knowledge-intensive teamwork be managed? Examining the roles of HRM systems, leadership, and tacit knowledge[J]. Journal of Management, 2016, 42(2): 524-554.

[112] Chisholm R F, Vansina L S. Varieties of participation[J]. Public Administration Quarterly, 1993, 17(3): 291-315.

[113] Clegg C W, Wall T D. The lateral dimension to employee participation[J]. Journal of Management Studies, 1984, 21(4): 429-442.

[114] Collins D, Hatcher L, Ross T L. The decision to implement gainsharing: The role of work climate, expected outcomes, and union status[J]. Personnel Psychology, 1993, 46(1): 77-104.

[115] Collins D. The ethical superiority and inevitability of participatory management as an organizational system[J]. Organization Science, 1997, 8(5): 489-507.

[116] Colquitt J A, Conlon D E, Wesson M J, et al. Justice at the millennium: A meta-analytic review of 25 years of organizational justice research[J]. Journal of Applied Psychology, 2001, 86(3): 425-445.

[117] Combs J, Liu Y, Hall A, et al. How much do high-performance work practices matter? A meta-analysis of their effects on organizational performance[J]. Personnel Psychology, 2006, 59(3): 501-528.

[118] Conger J A, Kanungo R N. The empowerment process: Integrating

theory and practice[J]. Academy of Management Review, 1988, 13（3）: 471-482.

[119] Connor P E. Decision-making participation patterns: The role of organizational context[J]. Academy of Management Journal, 1992, 35（1）: 218-232.

[120] Cotton J L, Vollrath D A, Froggatt K L, et al. Employee participation: Diverse forms and different outcomes[J]. Academy of Management Review, 1988, 13（1）: 8-22.

[121] Cotton J L. Employee involvement: Methods for improving performance and work attitudes[M]. London: Sage Publications, 1993.

[122] Cox A, Zagelmeyer S, Marchington M. Embedding employee involvement and participation at work[J]. Human Resource Management Journal, 2006, 16（3）: 250-267.

[123] Cox A, Marchington M, Suter J. Employee involvement and participation: Developing the concept of institutional embeddedness using WERS2004[J]. The International Journal of Human Resource Management, 2009, 20（10）: 2150-2168.

[124] Dachler H P, Wilpert B. Conceptual dimensions and boundaries of participation in organizations: A critical evaluation[J]. Administrative Science Quarterly, 1978, 23（1）: 1-39.

[125] Datta D K, Guthrie J P, Wright P M. Human resource management and labor productivity: Does industry matter? [J]. Academy of Management Journal, 2005, 48（1）: 135-145.

[126] Wan D T W, Phee P S. Top Executives' Attitude and Preferences Toward Employee Voice and Participation in Singapore[M]. London: Routledge,

2018: 306-321.

[127] Dean Jr J W. The decision to participate in quality circles[J]. The Journal of Applied Behavioral Science, 1985, 21 (3): 317-327.

[128] DeConinck J B, Johnson J T. The effects of perceived supervisor support, perceived organizational support, and organizational justice on turnover among salespeople[J]. Journal of Personal Selling & Sales Management, 2009, 29 (4): 333-350.

[129] Deci E L. Intrinsic Motivation[M]. New York: Plenum, 1975.

[130] Deci E L, Ryan R M. The general causality orientations scale: Self-determination in personality[J]. Journal of Research in Personality, 1985, 19 (2): 109-134.

[131] Deci E L, Ryan R M. Facilitating optimal motivation and psychological well-being across life's domains[J]. Canadian Psychology/Psychologie Canadienne, 2008, 49 (1): 14-23.

[132] Demerouti E, Bakker A B, Nachreiner F, et al. The job demands-resources model of burnout[J]. Journal of Applied Psychology, 2001 (86): 499-512.

[133] Demerouti E, Bakker A B. The job demands-resources model: Challenges for future research[J]. SA Journal of Industrial Psychology, 2011, 37 (2): 01-09.

[134] Denton M, Zeytinoglu I U. Perceived participation in decision-making in a university setting: The impact of gender[J]. Industrial and Labor Relations Review, 1993, 46 (2): 320-331.

[135] Delaney J T. Unions and human resource policies[J]. Research in Personnel and Human Resources Management, 1991 (9): 39-71.

[136] Delbridge R, Turnbull P, Wilkinson B. Pushing back the frontiers: Management control and work intensification under JIT/TQM factory regimes[J]. New Technology, Work and Employment, 1992, 7 (2): 97-106.

[137] Delbridge R, Keenoy T. Beyond managerialism? [J]. The International Journal of Human Resource Management, 2010, 21 (6): 799-817.

[138] Detert J R, Burris E R. Leadership behavior and employee voice: Is the door really open? [J]. Academy of Management Journal, 2007, 50 (4): 869-884.

[139] Doucouliagos C. Worker participation and productivity in labor-managed and participatory capitalist firms: A meta-analysis[J]. Industrial and Labor Relations Review, 1995, 49 (1): 58-77.

[140] Doug A S, Dexter C D. Beyond traditional paternalistic and developmental approaches to organizational change and human resource strategies[J]. International Journal of Human Resource Management, 1991, 2 (3): 263-283.

[141] Dunlop J T, Weil D. Diffusion and performance of modular production in the US apparel industry[J]. Industrial Relations, 1996, 35 (3): 334-355.

[142] Edwards M R, Peccei R. Perceived organizational support, organizational identification, and employee outcomes[J]. Journal of Personnel Psychology, 2010 (9): 17-26.

[143] Edwards J R, Lambert L S. Methods for integrating moderation and mediation: A general analytical framework using moderated path analysis[J]. Psychological Methods, 2007, 12 (1): 1-22.

[144] Emery F E, Thorsrud E. Form and content in industrial democracy: Some experiences from Norway and other European countries[M]. London:

Tavistock, 1964/1969.

[145] Fast N J, Burris E R, Bartel C A. Managing to stay in the dark: Managerial self-efficacy, ego defensiveness, and the aversion to employee voice[J]. Academy of Management Journal, 2014, 57 (4): 1013-1034.

[146] Flinchbaugh C, Li P, Luth M T, et al. Team-level high involvement work practices: Investigating the role of knowledge sharing and perspective taking[J]. Human Resource Management Journal, 2016, 26 (2): 134-150.

[147] Fox A. Beyond contract: Work, power and trust relations[M]. London: Faber, 1974.

[148] Gagnon M A, Michael J H. Outcomes of perceived supervisor support for wood production employees[J]. Forest Products Journal, 2004, 54 (12): 172-177.

[149] Garrahan P, Stewart P. The Nissan enigma: Flexibility at work in a local economy[M]. London: Mansell, 1992.

[150] George J M, Zhou J. Dual tuning in a supportive context: Joint contributions of positive mood, negative mood, and supervisory behaviors to employee creativity[J]. Academy of Management Journal, 2007, 50 (3): 605-622.

[151] Giesbers S, Schouteten R L J, Poutsma E, et al. Nurses' perception of feedback on quality measurements: Development and validation of a measure[J]. German Journal of Human Resource Management, 2014, 28 (3): 391-398.

[152] Glew D J, O'Leary-Kelly A M, Griffin R W, et al. Participation in organizations: A preview of the issues and proposed framework for future analysis[J]. Journal of Management, 1995, 21 (3): 395-421.

[153] Godard J. The progressive HRM paradigm: A theoretical and empirical

reexamination[J]. Relations Industrielles, 1991, 46 (2): 378-400.

[154] Godard J. Beyond the high-performance paradigm? An analysis of variation in Canadian managerial perceptions of reform programme effectiveness[J]. British Journal of Industrial Relations, 2001, 39 (1): 25-52.

[155] Godard J. High performance and the transformation of work? The implications of alternative work practices for the experience and outcomes of work[J]. Industrial and Labor Relations Review, 2001, 54 (4): 776-805.

[156] Green F. Employee involvement, technology and evolution in job skills: A task-based analysis[J]. Industrial and Labor Relations Review, 2012, 65 (1): 36-67.

[157] Green K W, Wu C, Whitten D, et al. The impact of strategic human resource management on firm performance and HR professionals' work attitude and work performance[J]. The International Journal of Human Resource Management, 2006, 17 (4): 559-579.

[158] Greenwood M R. Ethics and HRM: A review and conceptual analysis[J]. Journal of Business Ethics, 2002 (36): 261-278.

[159] Griffin M A, Neal A, Parker S K. A new model of work role performance: Positive behavior in uncertain and interdependent contexts[J]. Academy of Management Journal, 2007, 50 (2): 327-347.

[160] Griffin B, Hesketh B. Adaptable behaviours for successful work and career adjustment[J]. Australian Journal of Psychology, 2003, 55 (2): 65-73.

[161] Gruen T W, Summers J O, Acito F. Relationship marketing activities, commitment, and membership behaviors in professional associations[J]. Journal of Marketing, 2000, 64 (3): 34-49.

[162] Guthrie J P, Spell C S, Nyamori R O. Correlates and consequences of

high involvement work practices: The role of competitive strategy[J]. The International Journal of Human Resource Management, 2002, 13 (1): 183-197.

[163] Hackman J R, Oldham G R. Motivation through the design of work: Test of a theory[J]. Organizational Behavior and Human Performance, 1976, 16 (2): 250-279.

[164] Bar-Haim A. Participation programs in work organizations: Past, present, and scenarios for the future[M]. Greenwood Publishing Group, 2002.

[165] Hakanen J J, Schaufeli W B, Ahola K. The Job Demands-Resources model: A three-year cross-lagged study of burnout, depression, commitment, and work engagement[J]. Work & Stress, 2008, 22 (3): 224-241.

[166] Halpin A, Croft D. The organizational climate and individual value systems upon job satisfaction[J]. Personnel Psychology, 1963 (22): 171-183.

[167] Hambrick D C, Mason P A. Upper echelons: The organization as a reflection of its top managers[J]. Academy of Management Review, 1984, 9 (2): 193-206.

[168] Handel M J, Levine D I. The effects of new work practices on workers[M]. New York: Palgrave MacMillian, 2006.

[169] Hansmann H. The ownership of enterprise[M]. Cambridge: Harvard University Press, 1996.

[170] Harley B. Employee responses to high performance work system practice: An analysis of the AWIRS95 data[J]. The Journal of Industrial Relations, 2002, 44 (3): 418-434.

[171] Heller F A. Organizational participation: Myth and reality[M]. New York: Oxford University Press, 1998.

[172] Hmieleski K M, Cole M S, Baron R A. Shared authentic leadership

and new venture performance[J]. Journal of Management, 2012, 38 (5): 1476-1499.

[173] Hofstede G. Cultures and organizations: Software of the mind, intercultural cooperation and its importance for survival[M]. London: Mc Iraw-Hill, 1991.

[174] Homans G. Social behavior: Its elementary forms[M]. London: Routledge & Kegan Paul, 1961.

[175] Hogg M A. Social identity and the psychology of groups[M]. New York: Guilford Press, 2012.

[176] Hopstaken J F, Van der Linden D, Bakker A B, et al. A multifaceted investigation of the link between mental fatigue and task disengagement[J]. Psychophysiology, 2015 (52): 305-315.

[177] Huang X, Vliert E V, Vegt G V. Breaking the silence culture: Stimulation of participation and employee opinion withholding cross-nationally[J]. Management and Organization Review, 2005, 1 (3): 459-482.

[178] Huhtala H, Parzefall M R. A review of employee well-being and innovativeness: An opportunity for a mutual benefit[J]. Creativity and Innovation Management, 2007, 16 (3): 299-306.

[179] Hunt D M, Michael C. Mentorship: A career training and development tool[J]. Academy of Management Review, 1983, 8 (3): 475-485.

[180] Huselid M A, Becker B E. The impact high performance work system, implementation effectiveness, and alignment with strategy on shareholder wealth[J]. Academy of Management Proceedings, 1997 (1): 144-148.

[181] Hyman J, Mason B. Managing employee involvement and participation[M]. London: Sage Publications, 1995.

[182] Ichniowsky C, Kochan T A, Levine D, et al. What works at work: Overview and assessment[J]. Industrial Relations, 1996, 35 (3): 299-333.

[183] Jensen J M, Patel P C, Messersmith J G. High-performance work systems and job control: Consequences for anxiety, role overload, and turnover intentions[J]. Journal of Management, 2013, 39 (6): 1699-1724.

[184] Jiang K, Chuang C H, Chiao Y C. Developing collective customer knowledge and service climate: The interaction between service-oriented high-performance work systems and service leadership[J]. Journal of Applied Psychology, 2015, 100 (4): 1089-1106.

[185] Jiang K, Lepak D P, Han K, et al. Clarifying the construct of human resource systems: Relating human resource management to employee performance[J]. Human Resource Management Review, 2012, 22 (2): 73-85.

[186] Jyoti J, Rani A. High performance work system and organisational performance: Role of knowledge management[J]. Personnel Review, 2017, 46 (8): 1770-1795.

[187] Kahnweiler W M, Thompson M A. Levels of desired, actual, and perceived control of employee involvement in decision making: An empirical investigation[J]. Journal of Business and Psychology, 2000, 14 (3): 407-427.

[188] Kanter R M. Power, leadership, and participatory management[J]. Theory into Practice, 1981, 20 (4): 219-224.

[189] Kanter R M. The change masters: Innovation and entrepreneurship in the American corporation[M]. New York: Simon and Schuster, 1983.

[190] Kark R, Shamir B. The influence of transformational leadership on followers' relational versus collective self-concept[J]. Academy of Management Proceeding, 2002 (1): 1-6.

[191] Katz D, Kahn R L. The social psychology of organizations[M]. New York: Wiley, 1978.

[192] Kaufman B E. Human resources and industrial relations: Commonalities and differences[J]. Human Resource Management Review, 2002, 11 (4): 339-374.

[193] Kaufman B E. Market competition, HRM, and firm performance: The conventional paradigm critiqued and reformulated[J]. Human Resource Management Review, 2015, 25 (1): 107-125.

[194] Kehoe R R, Wright P M. The impact of high-performance human resource practices on employees' attitudes and behaviors[J]. Journal of Management, 2013, 39 (2): 366-391.

[195] Kelley H H, Michela J L. Attribution theory and research[J]. Annual Review of Psychology, 1980, 31 (1): 457-501.

[196] Kochan T A, Katz H C, McKersie R B. The transformation of American industrial relations[M]. New York: Cornell University Press, 1986.

[197] Koys D J. Human Resource Management and a Culture of Respect: Effects on Employees' Organizational Commitment[J]. Employee Responsibilities & Rights Journal, 1988 (1): 57-68.

[198] Koys D J. Fairness, legal compliance, and organizational commitment[J]. Employee Responsibilities & Rights Journal, 1991, 4 (4): 283-291.

[199] Krenl L. The moderating effects of locus of control on performance incentives and participation[J]. Human Relations, 1992, 45 (9): 991-1012.

[200] Kroon B, Van de Voorde K, Van Veldhoven M. Cross-level effects of high-performance work practices on burnout: Two counteracting mediating

mechanisms compared[J]. Personnel Review, 2009, 38 (5): 509-525.

[201] Kuenzi M, Schminke M. Assembling fragments into a lens: A review, critique, and proposed research agenda for the organizational work climate literature[J]. Journal of Management, 2009, 35 (3): 634-717.

[202] Lam S S K, Chen X P, Schaubroeck J. Participative decision making and employee performance in different cultures: The moderating effects of allocentrism/idiocentrism and efficacy[J]. Academy of Management Journal, 2002, 45 (5): 905-914.

[203] Lanaj K, Hollenbeck J R, Ilgen D R, et al. The double-edged sword of decentralized planning in multiteam systems[J]. Academy of Management Journal, 2013, 56 (3): 735-757.

[204] Lawler E E, Mohrman S A. Quality circles after the fad[J]. Harvard Business Review, 1985, 85 (1): 64-71.

[205] Lawler E E. Choosing an involvement strategy[J]. The Academy of Management Executive, 1988, 2 (3): 197-204.

[206] Lawler E E. The ultimate advantage: Creating the high-involvement organization[M]. San Francisco: Jossey-Bass, 1992.

[207] Lawler E E. High-involvement management: Participative strategies for improving organizational performance[M]. San Francisco: Jossey-Bass, 1986.

[208] Lawler E E, Mohrman S A, Ledford G E. Creating high performance organizations: Practices and results of employee involvement and total quality management in Fortune 1000 companies[M]. San Francisco: Jossey-Bass, 1995.

[209] Lavelle J, Gunnigle P, McDonnell A. Patterning employee voice in multinational companies[J]. Human Relations, 2010, 63 (3): 395-418.

[210] Leana C R, Florkowski G W. Employee involvement programs:

Integrating psychological theory and management practice[J]. Research in Personnel and Human Resources Management, 1992 (10): 233-270.

[211] Lee C, Schuler R S. A constructive replication and extension of a role and expectancy perception model of participation in decision making[J]. Journal of Occupational Psychology, 1982, 55 (2): 109-118.

[212] Lee E K, Hong W, Avgar A C. Containing conflict: A relational approach to the study of high involvement work practices in the health-care setting[J]. The International Journal of Human Resource Management, 2015, 26 (1): 100-122.

[213] Legge K, Legge K. What is human resource management? [M]. London: Macmillan Education UK, 1995.

[214] Leifer R, Huber G P. Relations among perceived environmental uncertainty, organization structure, and boundary-spanning behavior[J]. Administrative Science Quarterly, 1977, 22 (2): 235-247.

[215] Lepak D P, Jiang K, Han K, et al. Strategic HRM moving forward: What can we learn from micro perspectives[J]. International Review of Industrial and Organizational Psychology, 2012 (27): 231-258.

[216] Li Y, Wang M, Van Jaarsveld D D, et al. From employee-experienced high-involvement work system to innovation: An emergence-based human resource management framework[J]. Academy of Management Journal, 2018, 61 (5): 2000-2019.

[217] Liao H, Toya K, Lepak D P, et al. Do they see eye to eye? Management and employee perspectives of high-performance work systems and influence processes on service quality[J]. Journal of Applied Psychology, 2009, 94 (2): 371.

[218] Liu S, Ye L, Guo M. High-performance work systems and job satisfaction: Mediation role of organizational identification[C]//International Conference on Logistics, Informatics and Service Sciences (LISS). IEEE, 2016: 1-5.

[219] Liu J, Wang H, Hui C, et al. Psychological ownership: How having control matters[J]. Journal of Management Studies, 2012, 49(5): 869-895.

[220] Locke E A, Schweiger D M. Participation in decision-making: One more looks[J]. Research in Organizational Behavior, 1979, 1(10): 265-339.

[221] Long R J, Warner M. Organizations, participation and recession: An analysis of recent evidence[J]. Relations Industrielles, 1987, 42(1): 65-91.

[222] Macy B A, Peterson M F, Norton L W. A test of participation theory in a work re-designs field setting: Degree of participation and comparison site contrasts[J]. Human Relations, 1989, 42(12): 1095-1165.

[223] Macy B A, Peterson M. Evaluating attitudinal change in a longitudinal quality of work life intervention[M]. New York: John Wiley & Sons, 1983.

[224] Manz C C. Self-leading work teams: Moving beyond self-management myths[J]. Human Relations, 1992, 45(11): 1119-1140.

[225] Margulies N, Black S. Perspectives on the implementation of participative approaches[J]. Human Resource Management, 1987, 26(3): 385-412.

[226] Marchington M. A review and critique of research on developments in joint consultation[J]. British Journal of Industrial Relations, 1987, 25(3): 339-352.

[227] Marchington M. Employee Voice Systems[M]. New York: Oxford University Press, 2007.

[228] Marchington M. Analysing the forces shaping employee involvement and participation (EIP) at organisation level in liberal market economies (LMEs)[J]. Human Resource Management Journal, 2015, 25 (1): 1-18.

[229] Mayer D, Nishii L, Schneider B, et al. The precursors and products of justice climates: Group leader antecedents and employee attitudinal consequences[J]. Personnel Psychology, 2007, 60 (4): 929-963.

[230] McFarlin D B, Sweeney P D, Cotton J L. Attitudes toward employee participation in decision-making: A comparison of European and American managers in a United States multinational company[J]. Human Resource Management, 1992, 31 (4): 363-383.

[231] McNabb R, Whitfield K. The distribution of employee participation schemes at the workplace[J]. The International Journal of Human Resource Management, 1999, 10 (1): 122-136.

[232] Messersmith J G, Patel P C, Lepak D P, et al. Unlocking the black box: Exploring the link between high-performance work systems and performance[J]. Journal of Applied Psychology, 2011, 96 (6): 1105-1118.

[233] Mumford M D, Gustafson S B. Creativity syndrome: Integration, application, and innovation[J]. Psychological Bulletin, 1988, 103 (1): 27.

[234] Miles R E. Theories of management: Implications for organizational behavior and development[M]. Nova Iorque: McGraw-Hill, 1975.

[235] Miller K I, Monge P R. Participation, satisfaction, and productivity: A meta-analytic review[J]. Academy of Management Journal, 1986, 29 (4): 27-53.

[236] Miller D, Lee J. The people make the process: Commitment to employees, decision making, and performance[J]. Journal of Management,

2001, 27 (2): 163-189.

[237] Mitchell T R. Motivation and participation: An integration[J]. Academy of Management Journal, 1973, 16 (4): 670-679.

[238] Moch M K. Job involvement, internal motivation, and employees' integration into networks of work relationships[J]. Organizational Behavior and Human Performance, 1980, 25 (1): 15-31.

[239] Mohr R D, Zoghi C. High-involvement work design and job satisfaction[J]. Industrial and Labor Relations Review, 2008, 61 (3): 275-296.

[240] Moussa F M. Determinants, process, and consequences of personal goals and performance[J]. Journal of Management, 2000, 26 (6): 1259-1285.

[241] Mowday R T, Porter L W, Dubin R. Unit performance, situational factors, and employee attitudes in spatially separated work units[J]. Organizational Behavior and Human Performance, 1974, 12 (2): 231-248.

[242] Moynihan D P, Pandey S K. The role of organizations in fostering public service motivation[J]. Public Administration Review, 2007, 67 (1): 40-53.

[243] Neal A, Yeo G, Koy A, et al. Predicting the form and direction of work role performance from the Big 5 model of personality traits[J]. Journal of Organizational Behavior, 2012, 33 (2): 175-192.

[244] Nelson R R, Winter S G. An evolutionary theory of economic change[M]. Cambridge: Harvard University Press, 2009.

[245] Neumann J E. Why people don't participate in organizational change[J]. Research in Organizational Change and Development, 1989, 3 (1): 181-212.

[246] Newton K. The high performance workplace: HR-based management innovations in Canada[J]. International Journal of Technology Management, 1998, 16 (1-3): 177-192.

[247] Nishii L H, Lepak D P, Schneider B. Employee attributions of the "why" of HR practices: Their effects on employee attitudes and behaviors, and customer satisfaction[J]. Personnel psychology, 2008, 61 (3): 503-545.

[248] McClurg L N. Team rewards: How far have we come? [J]. Human Resource Management, 2001, 40 (1): 73-86.

[249] Nurick A J. Participation in organizational change: A longitudinal field study[J]. Human Relations, 1982, 35 (5): 413-429.

[250] O'Connell D J, McNeely E, Hall D T. Unpacking personal adaptability at work[J]. Journal of Leadership & Organizational Studies, 2008, 14 (3): 248-259.

[251] O'Reilly C A, Chatman J. Organizational commitment and psychological attachment: The effects of compliance, identification, and internalization on prosocial behavior[J]. Journal of Applied Psychology, 1986, 71 (3): 492-499.

[252] Ordiz-Fuertes M, Fernandez-Sanchez E. High-involvement practices in human resource management: Concept and factors that motivate their adoption[J]. The International Journal of Human Resource Management, 2003, 14 (4): 511-529.

[253] Organ D W. Organizational citizenship behavior: The good soldier syndrome[M]. Lexington: Lexington Books, 1988.

[254] Orlitzky M, Frenkel S J. Alternative pathways to high-performance workplaces[J]. The International Journal of Human Resource Management, 2005,

16（6）：1325-1348.

[255] Osterman P. How common is workplace transformation and how can we explain who adopts it? Results from a national survey[J]. Industrial and Labor Relations Review, 1994, 47（2）: 173-187.

[256] Parker L E, Price R H. Empowered managers and empowered workers: The effects of managerial support and managerial perceived control on workers'sense of control over decision making[J]. Human Relations, 1994, 47（8）: 911-928.

[257] Pasmore W A, Fagans M R. Participation, individual development, and organizational change: A review and synthesis[J]. Journal of Management, 1992, 18（2）: 375-397.

[258] Pearson C A L. Autonomous workgroups: An evaluation at an industrial site[J]. Human Relations, 1992, 45（9）: 905-936.

[259] Peccei R E, Van de Voorde F C, Van Veldhoven M. HRM, well-being and performance: A theoretical and empirical review[J]. HRM & performance, 2013: 15-46.

[260] Pendleton A, Robinson A. Employee stock ownership, involvement, and productivity: An interaction-based approach[J]. Industrial and Labor Relations Review, 2010, 64（1）: 3-29.

[261] P é rotin V, Robinson A. Employee participation in profit and ownership: A review of the issues and evidence[M]. Leeds: Leeds University Business School, 2002.

[262] Pil F K, MacDuffie J P. The adoption of high-involvement work practices[J]. Industrial Relations, 1996, 35（3）: 423-455.

[263] Porter M E. Competitive advantage: Creating and sustaining superior

performance[M]. New York: FreePress, 1985.

[264] Robinson A. Employee participation and equal opportunities practices: Productivity effect and potential complementarities[J]. British Journal of Industrial Relations, 2000, 38 (4): 557-583.

[265] Roy S K. Participative management in public industry: Organizational groundwork necessary[C]//Thakur C P, Sethi K C. Industrial democracy: Some issues and experiences. New Delhi: Shri Ram Centre for Human Resources, 1973.

[266] Ryan R M, Deci E L. Self-determination theory and the facilitation of intrinsic motivation, social development, and well-being[J]. American Psychologist, 2000, 55 (1): 68-78.

[267] Ryan R M, Deci E L. Intrinsic and extrinsic motivations: Classic definitions and new directions[J]. Contemporary Educational Psychology, 2000, 25 (1): 54-67.

[268] Piore M J, Sabel C F. The second industrial divide: Possibilities for prosperity[M]. New York: Basic Books, 1984.

[269] Pohler D M, Luchak A A. Balancing efficiency, equity, and voice the impact of unions and high-involvement work practices on work outcomes[J]. Industrial and Labor Relations Review, 2014, 67 (4): 1063-1094.

[270] Poole M, Lansbury R, Wailes N. Participation and industrial democracy revisited: A theoretical perspective[M]. Aldershot: Ashgate, 2001.

[271] Porter M E. Competitive advantage: Creating and sustaining superior performance[M]. New York: The Free Press, 1985.

[272] Pulakos E D, Arad S, Donovan M A, et al. Adaptability in the workplace: Development of a taxonomy of adaptive performance[J]. Journal of

Applied Psychology, 2000, 85 (4): 612-624.

[273] Pulakos E D, Schmitt N, Dorsey D W, et al. Predicting adaptive performance: Further tests of a model of adaptability[J]. Human Performance, 2002, 15 (4): 299-323.

[274] Ramamoorthy N, Flood P C, Slattery T, et al. Determinants of innovative work behavior: Development and test of an integrated model[J]. Creativity and Innovation Management, 2005, 14 (2): 142-150.

[275] Rana S. High-involvement work practices and employee engagement[J]. Human Resource Development International, 2015, 18 (3): 308-316.

[276] Richardson H A, Vandenberg R J. Integrating managerial perceptions and transformational leadership into a work-unit level model of employee involvement[J]. Journal of Organizational Behavior, 2005, 26 (5): 561-589.

[277] Roche W K. In search of commitment-oriented human resource management practices and the conditions that sustain them[J]. Journal of Management Studies, 1999, 36 (5): 653-678.

[278] Rosenberg R D, Rosenstein E. Participation and productivity: An empirical study[J]. Industrial and Labor Relations Review, 1980, 33 (3): 355-367.

[279] Roethlisberger F J, Dickson W J. Management and the worker[M]. Cambridge: Harvard University Press, 1939.

[280] Ryan R M, Deci E L. Self-determination theory and the facilitation of intrinsic motivation, social development, and well-being[J]. American Psychologist, 2000, 55 (1): 68.

[281] Sagie A, Koslowsky M. Participation and empowerment in organizations[M]. Yorkshire: Emerald Group Publishing Limited, 2000.

[282] Sanz-Valle R, Sabater-Sanchez R, Aragon-Sanchez A. Human resource management and business strategy links: An empirical study[J]. The International Journal of Human Resource Management, 1999, 10 (4): 655-671.

[283] Sashkin M. Changing toward participative management approaches: A model and method[J]. Academy of Management Review, 1976, 1 (3): 75-86.

[284] Schuler R S. A role and expectancy perception model of participation in decision making[J]. Academy of Management Journal, 1980, 23 (2): 331-340.

[285] Searle R, Den Hartog D N, Weibel A, et al. Trust in the employer: The role of high-involvement work practices and procedural justice in European organizations[J]. The International Journal of Human Resource Management, 2011, 22 (5): 1069-1092.

[286] Seibert S E, Kraimer M L, Crant J M. What do proactive people do? A longitudinal model linking proactive personality and career success[J]. Personnel Psychology, 2001, 54 (4): 845-874.

[287] Scott S G, Bruce R A. Determinants of innovative behavior: A path model of individual innovation in the workplace[J]. Academy of Management Journal, 1994, 37 (3): 580-607.

[288] Sewell G, Wilkinson B. Someone to watch over me: Surveillance, discipline and the just-in-time labor process[J]. Sociology, 1992, 26 (2): 271-289.

[289] Shadur M A, Kienzle R, Rodwell J J. The relationship between organizational climate and employee perceptions of involvement the importance of support[J]. Group & Organization Management, 1999, 24 (4): 479-503.

[290] Shantz A, Arevshatian L, Alfes K, et al. The effect of HRM attributions on emotional exhaustion and the mediating roles of job involvement and work overload[J]. Human Resource Management Journal, 2016, 26 (2): 172-191.

[291] Shalley C E, Gilson L L, Blum T C. Interactive effects of growth need strength, work context, and job complexity on self-reported creative performance[J]. Academy of Management Journal, 2009, 52 (3): 489-505.

[292] Shaw J C, Wild E, Colquitt J A. To justify or excuse: A meta-analytic review of the effects of explanations[J]. Journal of Applied Psychology, 2003, 88 (3): 444-458.

[293] Sheppeck M A, Militello J. Strategic HR configurations and organizational performance[J]. Human Resource Management, 2000, 39 (1): 5-16.

[294] Shih H A, Chiang Y H, Hsu C C. High involvement work system, work-family conflict, and expatriate performance - examining Taiwanese expatriates in China[J]. The International Journal of Human Resource Management, 2010, 21 (11): 2013-2030.

[295] Smith C S, Brannick M T. A role and expectancy model of participative decision-making: A replication and theoretical extension[J]. Journal of Organizational Behavior, 1990, 11 (2): 91-104.

[296] Smidts A, Pruyn A T H, Van Riel C B M. The impact of employee communication and perceived external prestige on organizational identification[J]. Academy of Management Journal, 2001, 44 (5): 1051-1062.

[297] Snape E, Redman T. HRM practices, organizational citizenship behavior, and performance: A multi-level analysis[J]. Journal of Management

Studies, 2010, 47（7）: 1219-1247.

[298] Song Z, Gu Q, Cooke F L. The effects of high-involvement work systems and shared leadership on team creativity: A multilevel investigation[J]. Human Resource Management, 2020, 59（2）: 201-213.

[299] Spector P E. Perceived control by employees: A meta-analysis of studies concerning autonomy and participation at work[J]. Human Relations, 1986, 39（11）: 1005-1016.

[300] Spreitzer G M. Psychological empowerment in the workplace: Dimensions, measurement, and validation[J]. Academy of Management Journal, 1995, 38（5）: 1442-1465.

[301] Stamper C L, Masterson S S. Insider or outsider? How employee perceptions of insider status affect their work behavior[J]. Journal of Organizational Behavior, 2002, 23（8）: 875-894.

[302] Staw B M, Bell N E, Clausen J A. The dispositional approach to job attitudes: A lifetime longitudinal test[J]. Administrative Science Quarterly, 1986, 31（1）: 56-77.

[303] Steel R P, Mento A J. The participation performance controversy reconsidered subordinate competence as a mitigating factor[J]. Group & Organization Management, 1987, 12（4）: 411-423.

[304] Stohl C, Cheney G. Participatory processes/paradoxical practices: Communication and the dilemmas of organizational democracy[J]. Management Communication Quarterly, 2001, 14（3）: 349-407.

[305] Strauss G. Worker' participation in management: An international perspective[J]. Research in Organizational Behavior, 1982, 5（4）: 173-265.

[306] Sumukadas N. Employee involvement: A hierarchical

conceptualisation of its effect on quality[J]. International Journal of Quality & Reliability Management, 2006, 23 (2): 143-161.

[307] Tajfel H, Turner J C. An integrative theory of intergroup conflict[J]. The Social Psychology of Intergroup Relations, 1979, 33 (47): 33-47.

[308] Tajfel H. Social psychology of intergroup relations[J]. Annual Review of Psychology, 1982, 33 (1): 1-39.

[309] Tajfel H, Turner J C. The social identity theory of intergroup behavior [M]. Chicago: Nelson-Hall, 1986.

[310] Terpstra D E, Rozell E J. The relationship of staffing practices to organizational level measures of performance[J]. Personnel Psychology, 1993, 46 (1): 27-48.

[311] Tett R P, Jackson D N. Organization and personality correlates of participative behaviours using an in-basket exercise[J]. Journal of Occupational Psychology, 1990, 63 (2): 175-188.

[312] Thompson P, McHugh D. Work organizations: A critical introduction[M]. London: MacMillan, 1990.

[313] Thibaut J W, Walker L A. Procedural justice: A psychological analysis[M]. Hillsdale: Erlbaum, 1975.

[314] Townsend K, Wilkinson A, Burgess J. Filling the gaps: Patterns of formal and informal participation[J]. Economic and Industrial Democracy, 2012, 34 (2): 337-354.

[315] Tremblay M. How, why, and when high-involvement work systems are related to OCB: A multilevel examination of the mediating role of POS and of the moderating role of organizational structures[J]. Group & Organization Management, 2019, 44 (3): 611-651.

[316] Tsui A S, O'reilly C A. Beyond simple demographic effects: The importance of relational demography in superior-subordinate dyads[J]. Academy of Management Journal, 1989, 32(2): 402-423.

[317] Trist E L. Organizational choice: Capabilities of groups at the coal face under changing technologies[M]. London: Tavistock, 1963.

[318] Van De Voorde K, Beijer S. The role of employee HR attributions in the relationship between high-performance work systems and employee outcomes[J]. Human Resource Management Journal, 2015, 25(1): 62-78.

[319] Vroom V H. The effects of attitudes on perception of organizational goals[J]. Human Relations, 1960, 13(3): 229-240.

[320] Wagner J A, Gooding R Z. Shared influence and organizational behavior: A meta-analysis of situational variables expected to moderate participation-outcome relationships[J]. Academy of Management Journal, 1987, 30(3): 524-541.

[321] Wall T D, Lischeron J A. Worker participation: A critique of the literature and some fresh evidence[M]. London: McGraw-Hill, 1977.

[322] Wall T D, Kemp N J, Jackson P R, et al. Outcomes of autonomous workgroups: A long-term field experiment[J]. Academy of Management Journal, 1986, 29(2): 280-304.

[323] Wall T D, Wood S J, Leach D J. Empowerment and performance[J]. International Review of Industrial and Organizational Psychology, 2004(19): 1-46.

[324] Walton R E. From control to commitment in the workplace[J]. Harvard Business Review, 1985, 63(2): 76-84.

[325] Wei L Q, Lau C M. High performance work systems and performance:

The role of adaptive capability[J]. Human Relations, 2010, 63 (10): 1487-1511.

[326] Welsh D H B, Luthans F, Sommer S M. Managing Russian factory workers: The impact of US-based behavioral and participative techniques[J]. Academy of Management Journal, 1993, 36 (1): 58-79.

[327] Whitener E M. Do "high commitment" human resource practices affect employee commitment? A cross-level analysis using hierarchical linear modeling[J]. Journal of Management, 2001, 27 (5): 515-535.

[328] Witt L A, Myers J G. Perceived environmental uncertainty and participation in decision making in the prediction of perceptions of the fairness of personnel decisions[J]. Review of Public Personnel Administration, 1992, 12 (3): 49-56.

[329] Wood S, Menezes L. High commitment management in the UK: Evidence from the workplace industrial relations survey, and employers' manpower and skills practices survey[J]. Human relations, 1998, 51 (4): 485-515.

[330] Wood S, DeMenezes L M. High involvement management, high performance work systems and well-being[J]. The International Journal of Human Resource Management, 2011, 22 (7): 1586-1610.

[331] Wood S, Van Veldhoven M, Croon M, et al. Enriched job design, high involvement management and organizational performance: The mediating roles of job satisfaction and well-being[J]. Human Relations, 2012, 65 (4): 419-445.

[332] Wood S, Ogbonnaya C. High-involvement management, economic recession, well-being, and organizational performance[J]. Journal of

Management, 2018, 44（8）: 3070-3095.

[333] Wong Y Y, Chow I H S, Lau V P, et al. Benefits of team participative decision making and its potential to affect individual creativity[J]. Journal of Applied Social Psychology, 2018, 48（7）: 369-376.

[334] Wright P M, McMahan G C, McCormick B, et al. Strategy, core competence, and HR involvement as determinants of HR effectiveness and refinery performance[J]. Human Resource Management（1986—1998）, 1998, 37（1）: 17.

[335] Xanthopoulou D, Bakker A B, Demerouti E, et al. Work engagement and financial returns: A diary study on the role of job and personal resources[J]. Journal of Occupational and Organizational Psychology, 2009, 82（1）: 183-200.

[336] Youndt M A, Snell S A, Dean J W, et al. Human resource management, manufacturing strategy, and firm performance[J]. Academy of Management Journal, 1996, 39（4）: 836-866.

[337] Yuan F, Woodman R W. Innovative behavior in the workplace: The role of performance and image outcome expectations[J]. Academy of Management Journal, 2010, 53（2）: 323-342.

[338] Zacharatos A, Barling J, Iverson R D. High-performance work systems and occupational safety[J]. Journal of Applied Psychology, 2005, 90（1）: 77-93.

[339] Zatzick C D, Iverson R D. High involvement management and workforce reduction: Competitive advantage or disadvantage? [J]. Academy of Management Journal, 2006, 49（5）: 999-1015.

[340] Zhang X, Bartol K M. Linking empowering leadership and employee creativity: The influence of psychological empowerment, intrinsic motivation,

and creative process engagement[J]. Academy of Management Journal, 2010, 53 (1): 107-128.

[341] Zhou J, George J M. When job dissatisfaction leads to creativity: Encouraging the expression of voice[J]. Academy of Management Journal, 2001, 44 (4): 682-696.

附 录

尊敬的先生/女士：

您好！本次调查为河北师范大学研究生毕业论文所需，您所提供的信息仅供学术研究之用，绝不另作他用或向第三方披露。您所做的判断并无对错之分，希望您能表达自己真实的想法，在此感谢您的热心参与！

第一部分　基本信息

1. 性别：①男　②女

2. 年龄：①25岁及以下　②26~30岁　③31~40岁　④41~50岁　⑤51岁及以上

3. 学历：①初中及以下　②高中/中专　③大专/本科　④研究生及以上

4. 用工类型：①正式工　②劳务派遣工　③非全日制用工　④平台用工　⑤其他

5. 所处的行业：①制造业　②服务业　③高科技企业　④其他

第二部分　请您根据自己所在企业的情况，选择符合您真实想法的选项（1=非常不同意；2=不同意；3=一般；4=同意；5=非常同意）

1	我的工作任务是多种多样的	1	2	3	4	5
2	我对如何完成工作（工作方法）具有自主权	1	2	3	4	5
3	我能够掌控工作进行的节奏（工作时间）	1	2	3	4	5
4	公司核心员工接受过培训，有能力从事自己工作以外的工作	1	2	3	4	5
5	公司采用团队或小组形式开展工作（比如质量圈、问题解决小组、持续改善小组等）	1	2	3	4	5
6	公司管理者通过建议计划征询员工的意见	1	2	3	4	5
7	公司核心员工以团队或小组形式进行工作	1	2	3	4	5
8	公司有标准化的新员工入职培训计划	1	2	3	4	5
9	公司有过沟通能力或者团队工作的脱产培训	1	2	3	4	5
10	公司以团队或班组会的形式讨论工作问题	1	2	3	4	5
11	公司定期向员工提供公司财务状况、内部投资计划、人员配备计划等方面的信息	1	2	3	4	5
12	公司非管理人员有正式的绩效评估	1	2	3	4	5
13	公司主动寻求员工或者员工代表的意见	1	2	3	4	5
14	公司主动对员工或者员工代表的意见进行反馈	1	2	3	4	5
15	公司允许员工或者员工代表影响最终决策	1	2	3	4	5
16	公司管理者与员工分享组织运营方式变革的信息	1	2	3	4	5
17	公司管理者与员工分享人事变革的信息	1	2	3	4	5
18	公司管理者与员工分享员工工作方式变革的信息	1	2	3	4	5
19	公司管理者与员工分享组织财务（预算和利润等）信息	1	2	3	4	5

20	公司工会得到员工认可，因为工会能够代表员工跟公司进行工资或工作条件的谈判	1	2	3	4	5
21	公司承诺保证员工的雇佣安全，不会强制性裁员	1	2	3	4	5
22	公司在其他条件相同的情况下，内部员工是唯一的或者优先的职位空缺填补来源	1	2	3	4	5
23	公司非管理人员的薪酬是基于团队或班组的绩效	1	2	3	4	5
24	公司非管理人员参与利润有关的薪酬计划	1	2	3	4	5
25	公司非管理人员有资格参与股权计划	1	2	3	4	5

第三部分 请您根据自己日常工作时的感受，选择符合您真实想法的选项

1	我能调整自己的行为去适应不同的习惯和文化	1	2	3	4	5
2	我能融入不同的风俗和文化中	1	2	3	4	5
3	必要时我会改变自己的行为	1	2	3	4	5
4	我能理解公司的组织氛围和价值观	1	2	3	4	5
5	我了解其他部门的工作氛围和价值观	1	2	3	4	5
6	我能与不同文化背景的人一起很好地工作	1	2	3	4	5
7	我能与不同个性的人保持友好的关系	1	2	3	4	5
8	我能够理解其他文化，并据此做出相应的调整	1	2	3	4	5
9	在面对紧急事件时，我能保持冷静	1	2	3	4	5
10	工作安排比较紧张时，我能保持镇静	1	2	3	4	5
11	工作压力较高时，我能控制情绪	1	2	3	4	5
12	我能够分步骤解决紧急问题	1	2	3	4	5
13	在解决紧急问题时，我通常思维清晰	1	2	3	4	5

14	我能够客观地处理紧急问题	1	2	3	4	5
15	在处理紧急问题时，我能提出几种备选方案	1	2	3	4	5
16	我对学习新技术、新方法很感兴趣	1	2	3	4	5
17	我会不断更新自己的知识和技能储备	1	2	3	4	5
18	我能很快学会新知识或者新技能	1	2	3	4	5
19	我能将新技术很好地应用到工作中	1	2	3	4	5
20	我能很快适应没有接触过的工作内容	1	2	3	4	5
21	我会采取行动改正自己工作中的问题	1	2	3	4	5
22	我能从表面无关的信息中联想出新的解决方法	1	2	3	4	5
23	我能想出新方法解决困难问题	1	2	3	4	5
24	我能找到其他人没有发现的方法解决问题	1	2	3	4	5
25	我能用逆向思维思考问题解决的方法	1	2	3	4	5

第四部分 请您根据自己日常工作时的感受，选择符合您真实想法的选项

1	我的工作内容是重复的	1	2	3	4	5
2	我在工作中有学到很多	1	2	3	4	5
3	我的工作内容比较多样	1	2	3	4	5
4	我的工作需要创造力	1	2	3	4	5
5	我的工作对技能水平有较高要求	1	2	3	4	5
6	我在工作中能够发展自己的能力	1	2	3	4	5
7	我的工作要求学历	1	2	3	4	5
8	我在工作中有决策自由权	1	2	3	4	5

9	我在工作中不能自主决策	1	2	3	4	5
10	我在工作中有话语权	1	2	3	4	5
11	我的工作节奏很快	1	2	3	4	5
12	我的工作需要很努力	1	2	3	4	5
13	我的工作超负荷	1	2	3	4	5
14	我的工作有充足的时间	1	2	3	4	5
15	我在工作中有矛盾的工作要求	1	2	3	4	5
16	我的工作需要很大的体力投入	1	2	3	4	5
17	我的工作需要重体力	1	2	3	4	5
18	我的工作需要快速运动	1	2	3	4	5
19	我的工作需要特定的手部姿势	1	2	3	4	5
20	我的工作需要特定的身体姿势	1	2	3	4	5
21	我的工作比较稳定	1	2	3	4	5
22	我的工作有保障	1	2	3	4	5
23	我的工作在近期可能裁员	1	2	3	4	5
24	我的工作在远期可能裁员	1	2	3	4	5
25	我的工作有较好的职业发展前景	1	2	3	4	5
26	我的工作需要有价值的技能	1	2	3	4	5
27	上级很关心我	1	2	3	4	5
28	上级很关注我的工作	1	2	3	4	5
29	上级对我是有敌意的	1	2	3	4	5
30	上级是杰出的组织者	1	2	3	4	5
31	上级对我是有帮助的	1	2	3	4	5

32	我的同事能力很强	1	2	3	4	5
33	我的同事很关心我	1	2	3	4	5
34	我的同事是有敌意的	1	2	3	4	5
35	我的同事是友好的	1	2	3	4	5
36	我跟同事一起工作	1	2	3	4	5
37	我跟同事互相帮助	1	2	3	4	5

第五部分　请您根据自己日常工作时的感受，选择符合您真实想法的选项

1	公司提供员工培训、员工福利、雇佣政策、薪酬待遇、员工管理（工作时间、灵活性、休假制度等），目的是帮助员工提升产品或服务的质量	1	2	3	4	5
2	公司提供员工培训、员工福利、雇佣政策、薪酬待遇、员工管理（工作时间、灵活性、休假制度等），目的是让员工感受到自己的价值和被尊重，提升员工的幸福感	1	2	3	4	5
3	公司提供员工培训、员工福利、雇佣政策、薪酬待遇、员工管理（工作时间、灵活性、休假制度等），目的是降低成本	1	2	3	4	5
4	公司提供员工培训、员工福利、雇佣政策、薪酬待遇、员工管理（工作时间、灵活性、休假制度等），是因为工会的要求	1	2	3	4	5
5	公司提供员工培训、员工福利、雇佣政策、薪酬待遇、员工管理（工作时间、灵活性、休假制度等），目的是让员工最大限度地工作	1	2	3	4	5

问卷到此结束，再次感谢您的支持和参与，祝您工作顺利！

N